JN111881

基本文型が身につく!
中国語音読
Learn Chinese by reading aloud repeatedly
Kaneko Naoki

金子真生 著

ナツメ社

はじめに

みなさんこんにちは。

本書を手に取ってくださったきっかけは何ですか？ 仕事で中国語が必要になった、旅行に行きたい、中国の友人がいるなど、理由はさまざまかもしれません。ぜひ、「今学びたい」と思われた気持ちを大事にしていただきたいと思います。

本書は、音読を通じて中国語の文型をマスターすることを目指します。まず発音編で発音を、続いて文法編で文型を学ぶようにできています。各節１つの文型にフォーカスして５つの例文が挙げられていますので、何度も発音練習をしてマスターしてください。文型の練習が終わったら、各節最後に挙げられている単語帳の単語を学びましょう。これらを学んだ文型に代入しながら練習すれば、表現の幅がぐっと広がります。

音源は、スピード別に２段階に分かれています。スマートフォンのQRコードで読み込みが可能ですから、その気になればどこででも学習できるようになっています。何回練習したかをチェックする欄も設けてありますので、「とにかく続ける」ことに徹底的にこだわって、楽しく続けていただきたいと思います。

いうまでもなく、中国は世界の中で日増しにその存在感を増しています。私が中国語を学び始めた20年ほど前からは、今の中国を想像することさえ難しかったように思います。経済発展の中、日々新たな言葉が生まれていく中国語ですが、それでも根幹の部分は変わりません。基本を徹底的にマスターすることで、中国人と積極的にコミュニケーションを取り、新たな時代の中国を眺める視野を養っていただけたらと願ってやみません。

最後になりましたが、編集者の古川陽子さんには、書籍の企画段階から大変お世話になりました。おかげさまで素敵な本になりました。また、神田外語学院の二宮由佳さんには、学業の傍らでとても丁寧な校正作業をお願いすることができました。

本書が、みなさんの中国語学習の第一歩となれることをうれしく思います。

金子真生

中国ってどんな国？

正式名称	中華人民共和国
成立年月日	1949年10月1日（国慶節）
首都	北京
民族数	56民族からなる多民族国家で、一番多いのは漢民族
人口	14億5,000万人（2019年末）
面積	960万km^2、日本の約26倍
通貨単位	人民元（RMBと略称）、1RMB＝約15JPY
共通語	中国語（普通话）、文字は大陸・シンガポールでは簡体字、台湾・香港では繁体字を使用

隣国について、どれだけご存じでしたか？ 首都が北京であることは知っていても、若い国であることや、56もの民族が共存する国であることは意外に思われた方もいらっしゃるのではないでしょうか。また、世界遺産の登録数もきわめて多く、中国旅行の楽しみの一つでもあります。中国語を勉強することで、中国へ行ってみようと思えたらとても素晴らしいことだと思います。

中国語とはどんな言葉？

中国は、地図で見てわかるようにとても大きい国です。56の民族それぞれに異なる文化を持ち、言語もそれぞれ異なるという事情があるため、共通語の必要性が叫ばれるようになりました。そこで、1950年代後半に中国政府により「普通话」が制定されるにいたったのです。地域や民族ごとに訛りはあるものの、この「普通话」を話せば中国全土でコミュニケーションが取れるようになっています。この「普通话」は、中国七大方言の一つ、「北方方言」を基礎としています。私たちがよく耳にする「北京語」とは、この北方方言の中の一つで、厳密には「普通话」とは異なるものです。日本語における標準語と、江戸っ子の話す東京方言のような関係にあるといえます。

文字について

中国語はすべて漢字で表記します。中には、見たことのない漢字も多く目にするはずです。これらを「簡体字」と呼びます。これは、台湾・香港で使用される「繁体字（日本でいう旧字体）」を崩したもので、慣れると便利ですが知らないとまったく歯が立ちません。へんやつくりが簡略化されたもの、草書や行書を採り入れたもの、まったく元の漢字の面影を残していないものなど、さまざまです。以下に示す漢字は、それぞれどの漢字の簡体字でしょうか。

红　书　卫　骨

答えはそれぞれ、「紅」「書」「衛」「骨」です。最後の「骨」などは、3画目と4画目が左右異なっており、簡体字にすると画数が1画減るようになっています。テキストの例文や単語に注目して、少しずつ慣れていきましょう。

声調

「中国語は発音が難しい」と聞いたことはありませんか？ 一概にそうとは言い切れないと思いますが、「声調」にその原因の一端があるのかもしれません。

「声調」とは、1つの音節の中に音程や音の高さの移動があり、それによって語の意味が変わってくる現象です。現代中国語には4つ（方言である広東語では9つ！）の声調が存在し、意味を弁別します。詳しくは13ページで学習します。

このように、同じ発音でも、音程が変わると意味がまったく変わってくるというところに面白さを見出せると、楽しく勉強が続けられると思います。発音編ではじめに学びますので、大きな声で練習してみてください。

ピンイン

漢字の発音を知るには、「ピンイン」というアルファベットと声調を示す記号を組み合わせたものを用います。1年くらい学習するとかなり慣れてくると思いますが、初めは苦手に思う方も多いかもしれません。これを克服するには、漢字を目にするたび、ピンインではどう書くかと考えるクセをつけるのが一番です。自分の名前から始めて、友人の名前、学校や会社、住んでいる町の名前をできるだけピンインで考えていくと、会話の際にもそのまま通じますし、相手の話す固有名詞に対する反応も速くなっていくでしょう。ピンインの理解なくして中国語の上達はありえません。丁寧に押さえていきましょう。

本書の特長と使い方

音読によって基本的な文法を体得しましょう。右ページの「トレーニング方法」に沿って学習を進めることで、学習効果が増します。音声は「Slow(超ゆっくり)」と「Nomal(ゆっくり)」の2つの速度で聞くことができます。

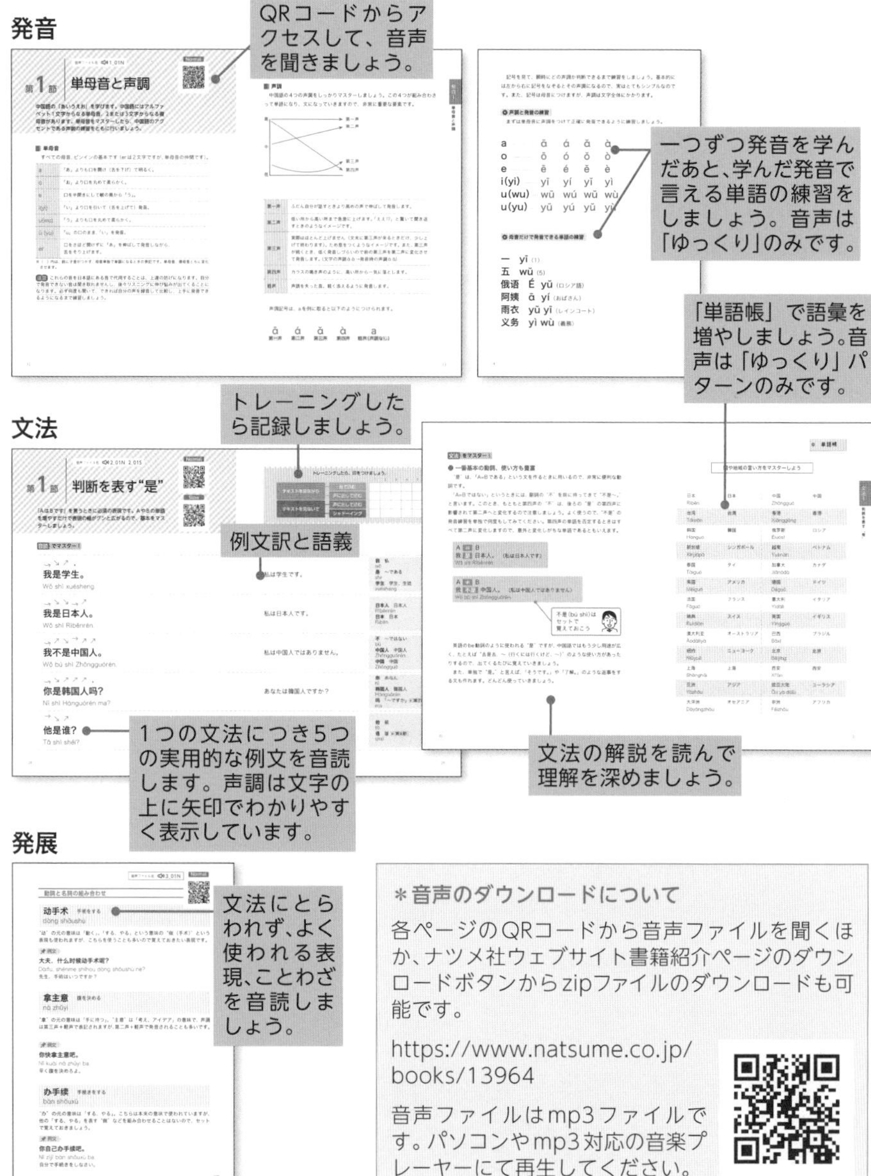

発音
QRコードからアクセスして、音声を聞きましょう。
一つずつ発音を学んだあと、学んだ発音で言える単語の練習をしましょう。音声は「ゆっくり」のみです。
「単語帳」で語彙を増やしましょう。音声は「ゆっくり」パターンのみです。
文法
トレーニングしたら記録しましょう。
例文訳と語義
1つの文法につき5つの実用的な例文を音読します。声調は文字の上に矢印でわかりやすく表示しています。
文法の解説を読んで理解を深めましょう。
発展
文法にとらわれず、よく使われる表現、ことわざを音読しましょう。

＊音声のダウンロードについて

各ページのQRコードから音声ファイルを聞くほか、ナツメ社ウェブサイト書籍紹介ページのダウンロードボタンからzipファイルのダウンロードも可能です。

https://www.natsume.co.jp/books/13964

音声ファイルはmp3ファイルです。パソコンやmp3対応の音楽プレーヤーにて再生してください。

トレーニング方法

本書は、1節につき5つの例文を載せています。短く実用的なものを選んでいますので、暗誦するまでトレーニングを繰り返しましょう。以下の手順で進めるとよいと思います。

1 テキストを見て×目で読む

本文のピンインや日本語訳を目で追い、発音や意味を確認しましょう。

2 テキストを見て×声に出して読む

例文1つずつ音源を流し、原文を目で追いながら音読をしましょう。ピンインを見て発音、声調に気を遣いながら行います。

3 テキストを見ないで×声に出して読む

例文1つずつ音源を流し、原文を思い浮かべながら発音を繰り返しましょう。慣れてきたらテキストを見ずに行いましょう。

我是日本人。

我是日本人。

聞いてから発音します

4 テキストを見ないで×シャドーイング

音源を流しっぱなしにし、後を追うように発音してみましょう。

我是日本人。 我不是中国人。…

我是日本人。 我不是中国人。…

聞きながら影のようについて発音します

本書は、7節ごとに一区切りとなっていますので、7節終えるごとにこのまとまりを通して練習して、ある程度の分量を一気に練習するのも効果的です。1日15分ほどですべて終わりますし、慣れてくれば10分で終えられます。ひとまずこの方法を習慣化して学習を進めながら、プラスαで興味に合わせた勉強をするのがよいでしょう。

どのレベルにあっても発音練習は必須で、レベルごとに求められる事柄が変わってきます。自分の学習の軌跡を残すためにも、できるかぎり発音を録音しましょう。その発音を確認、検証していくことで、発音がどんどんブラッシュアップされていきます。非常に泥臭い努力ではありますが、結局はこれらの方法が一番の近道です。

目次

発展　知っておきたい表現・四字成語・ことわざ

単語帳

コラム

発音

母音と子音・声調

　中国語は発音がとても大事な言語です。母音、子音に声調をつけて発音練習していきましょう。

音声ファイル名 1_01N

Normal

第1節　単母音と声調

中国語の「あいうえお」を学びます。中国語にはアルファベット1文字からなる単母音、2または3文字からなる複母音があります。単母音をマスターしたら、中国語のアクセントである声調の練習をともに行いましょう。

単母音

すべての母音、ピンインの基本です（erは2文字ですが、単母音の仲間です）。

a	「あ」よりも口を開け（舌を下げ）て明るく。
o	「お」より口を丸めて柔らかく。
e	口を半開きにして喉の奥から「う」。
i(yi)	「い」より口を引いて（舌を上げて）発音。
u(wu)	「う」よりも口を丸めて柔らかく。
ü (yu)	「u」の口のまま、「い」を発音。
er	口をさほど開けずに「あ」を伸ばして発音しながら、 舌をそり上げます。

※（　）内は、前に子音がつかず、母音単独で単語になるときの表記です。単母音、複母音ともに変化させます。

注意 これらの音を日本語にある音で代用することは、上達の妨げになります。自分で発音できない音は聞き取れませんし、後々リスニングに伸び悩みが出てくることになります。必ず何度も聞いて、できれば自分の声を録音して比較し、上手に発音できるようになるまで練習しましょう。

声調

中国語の4つの声調をしっかりマスターしましょう。この4つが組み合わさって単語になり、文になっていきますので、非常に重要な要素です。

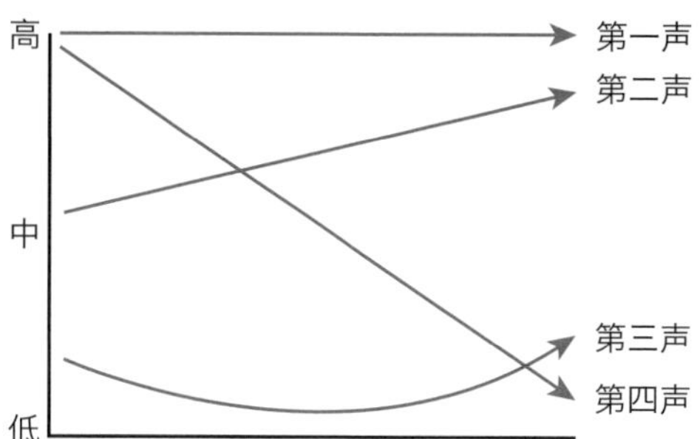

第一声	ふだん自分が話すときより高めの声で伸ばして発音します。
第二声	低い所から高い所まで急激に上げます。「ええ!?」と驚いて聞き返すときのようなイメージです。
第三声	実際はほとんど上げません（文末に第三声が来るときだけ、少し上げて終わります)。ため息をつくようなイメージです。また、第三声が続くとき、低く発音しづらいので前の第三声を第二声に変化させて発音します。(文字の声調ǎ ǎ→発音時の声調á ǎ)
第四声	カラスの鳴き声のように、高い所から一気に落とします。
軽声	声調を失った音。軽く添えるように発音します。

声調記号は、aを例に取ると以下のようにつけられます。

ā	á	ǎ	à	a
第一声	第二声	第三声	第四声	軽声（声調なし）

記号を見て、瞬時にどの声調か判断できるまで練習をしましょう。基本的には左から右に記号をなぞるとその声調になるので、実はとてもシンプルなのです。また、記号は母音につけますが、声調は文字全体にかかります。

声調と発音の練習

まずは単母音に声調をつけて正確に発音できるように練習しましょう。

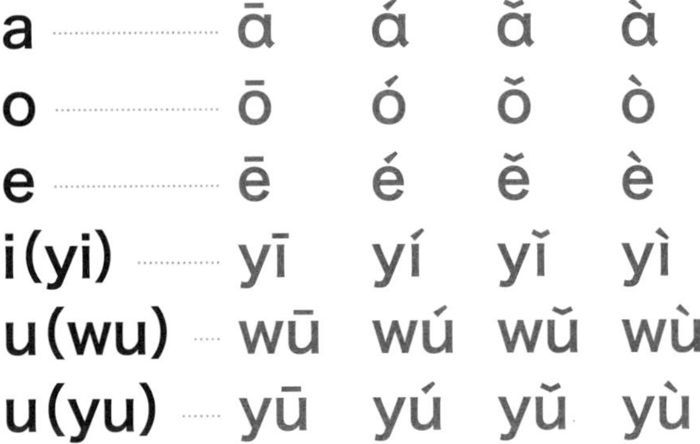

a ā á ǎ à
o ō ó ǒ ò
e ē é ě è
i(yi) yī yí yǐ yì
u(wu) wū wú wǔ wù
ü(yu) yū yú yǔ yù

母音だけで発音できる単語の練習

一　yī (1)
五　wǔ (5)
俄语　É yǔ (ロシア語)
阿姨　ā yí (おばさん)
雨衣　yǔ yī (レインコート)
义务　yì wù (義務)

音声ファイル名 1_02N

Normal

第2節　複母音と声調

複母音は、単母音が2つ、または3つ重なった母音のことです。母音の数が多くてもなめらかに発音します。また、アクセントの来る（＝声調記号をつける）位置が決まっていますので、そのグループごとに覚えていきましょう。

>型（二重母音）　1つ目の母音が強い型

ai　　ei　　ao　　ou

<型（二重母音）　2つ目の母音が強い型

ia(ya)　　ie(ye)　　ua(wa)

uo(wo)　　üe(yue)

◇型（三重母音）　真ん中の母音が強い型

iao(yao)　　★iou(you)

uai(wai)　　★uei(wei)

基本的には単母音の読み方をつなげればいいのですが、赤い文字の箇所の「e」は、前後の母音に引きずられて読みが「エ」のように変化します。そして★印の「iou」「uei」は、子音の後ろに来るとき、それぞれ真ん中の「o」や「e」の表記が脱落します。脱落した「o」「e」の音は多少残るので、音源を聞きながら練習しましょう。

声調と発音の練習

単独の複母音に声調をつけて正確に発音できるように練習しましょう。

>型　1つ目の母音が強い型

ai …… āi　ái　ǎi　ài
ei …… ēi　éi　ěi　èi
ao …… āo　áo　ǎo　ào
ou …… ōu　óu　ǒu　òu

<型　2つ目の母音が強い型

ia(ya) …… yā　yá　yǎ　yà
ie(ye) …… yē　yé　yě　yè
ua(wa) …… wā　wá　wǎ　wà
uo(wo) …… wō　wó　wǒ　wò
üe (yue) …… yuē　yué　yuě　yuè

◇型　真ん中の母音が強い型

iao(yao) ………… yāo　yáo　yǎo　yào
iou(you) ………… yōu　yóu　yǒu　yòu
uai(wai) ………… wāi　wái　wǎi　wài
uei(wei) ………… wēi　wéi　wěi　wèi

複母音だけで発音できる単語の練習

爱	ài（愛）	牙	yá（歯）
叶	yè（葉）	我	wǒ（私）
月	yuè（月）	有	yǒu（持っている）
外	wài（外）		

音声ファイル名 1_03N

Normal

第3節 子音の文字と発音

中国語の子音は21個、発音する部位によって分類されています。母音と同時に発音される無気音、息の音が先行する有気音にも注意して学んでいきましょう。

子音は21個

子音の数が多く見えても、発音される部位は6つのみです。まずはどこで発音されるのかをチェックし、それがどう展開されていくのかを見ていきましょう。

	無気音	有気音		
唇音	b(o)	p(o)	m(o)	f(o)
舌尖音	d(e)	t(e)	n(e)	l(e)
舌根音	g(e)	k(e)	h(e)	
舌面音	j(i)	q(i)	x(i)	
反り舌音	zh(i)	ch(i)	sh(i)	r(i)
舌歯音	z(i)	c(i)	s(i)	

子音は単独で発音することが困難なので、(　　) 内の単母音とともに練習していきましょう。

無気音は、子音と母音を同時に出すように優しく発音します。対して有気音は、子音を先に息とともに強く発音します。音源をよく聞いて、2つの違いをしっかり区別できるようにしてください。自分の声を録音し、音源と聞き比べるのも効果的です。

子音の発音

音源を聞きながら解説を読み、発音してみましょう。

唇音　唇や歯を使って発音します。

b(o)	「しっぽ」の「ぽ」のように息の音がでないように発音。
p(o)	しっかり息を出して強く発音。
m(o)	日本語のマ行よりゆっくり唇を離します。
f(o)	上の歯でしっかり下唇を押さえ発音。

舌尖音　上あごに舌を押しつけた構えから発音します。

d(e)	舌を離すのと同時に母音を発音。
t(e)	息の音をしっかり出してから母音を発音。
n(e)	日本語のナ行よりゆっくり舌を離します。
l(e)	上あごに押し付けた舌を弾くように離しながら発音。

舌根音　上あごの奥にある柔らかい場所（軟口蓋）で発音します。

g(e)	軟口蓋から直接発音するイメージ。
k(e)	口の奥でしっかり息の音を作って発音。
h(e)	日本語のハ行より子音に時間をかけて発音。

舌面音　下の歯の裏に舌先を当てて発音します。

j(i)	息の音を出さないように「ジ」と発音。
q(i)	息の音をしっかり出して「チ」と発音。
x(i)	子どもに「シーっ」と言うときのように強く発音。

そり舌音　舌を上あごの硬い出っ張り（硬口蓋）にそり上げて発音します。

zh(i)	そり上げた舌のまま、こもった「ジ」を発音。
ch(i)	そり上げた舌のまま、息で閉鎖を破り「チ」を発音。
sh(i)	そり上げた舌のまま、「シ」発音。
r(i)	そり上げた舌のまま、「i」を発音。

舌歯音　閉じ合わせた上下の歯の間に舌を当てて発音します。

z(i)	口を横に引いて日本語の「ズ」を発音。
c(i)	口を横に引いて日本語の「ツ」を強い息とともに発音。
s(i)	口を横に引いて日本語の「ス」を発音。

※「i」を使っていますが、舌歯音の「i」は口を引いて発音する「ウ」になるので注意しましょう。

声調と発音の練習

声調と合わせて、丁寧に練習しましょう。口の中のどこで音が作られているか意識できると、聞き取りもしやすくなります。

唇音

bo …… bō bó bǒ bò
po …… pō pó pǒ pò
mo …… mō mó mǒ mò
fo …… fō fó fǒ fò

舌尖音

de …… dē dé dě dè
te …… tē té tě tè
ne …… nē né ně nè
le …… lē lé lě lè

舌根音

ge …… gē gé gě gè
ke …… kē ké kě kè
he …… hē hé hě hè

舌面音

ji …… jī jí jǐ jì
qi …… qī qí qǐ qì
xi …… xī xí xǐ xì

そり舌音

zhi …… zhī zhí zhǐ zhì
chi …… chī chí chǐ chì
shi …… shī shí shǐ shì
ri …… rī rí rǐ rì

舌歯音

zi …… zī zí zǐ zì
ci …… cī cí cǐ cì
si …… sī sí sǐ sì

子音と単母音の組み合わせで発音できる単語の練習

机器 jīqì（機械）
知识 zhīshi（知識）
魔法 mófǎ（魔法）
可乐 kělè（コーラ）
独特 dútè（独特）
紫色 zǐsè（紫色）

音声ファイル名 1_04N

Normal

第4節 鼻母音

日本語の感覚で「ん」と聞こえる音が2つあります。聞き分けられるように、まずは発音の仕方を学びましょう。

案内の-n、案外の-ng

下の表の左２列は-n、右２列は-ngで終わっています。aかeにこれらの鼻母音がついている一番上（ゼロ）が基本で、それにi、u、üなどが先頭についていきます。-in/ingはeが表記されませんが、実際の発音では少しだけ聞こえるので、音源をよく聞いてみてください。

(ゼロ)	an	en	ang	eng
(i系)	ian	in	iang	ing
(u系)	uan	uen	uang	ueng
(ü系)	üan	ün	(ong)	(iong)

-nで終わる音は、舌先を上あごの前のほうの硬くなっているところ（硬口蓋）に押しつけて発音します。-ngで終わる音は、舌先をどこにもつけず、口を開いたまま発音します。

日本語の「案内」、「案外」を言うつもりで「ん」のところで止めると、それぞれ-n、-ngの発音になっているのですが、私たち日本語ネイティブはどちらの読みも「あん」と認識して区別しません。しかし、中国語ではこの違いが非常に大切ですから、丁寧にゆっくり練習しましょう。

４つの赤い文字の箇所については、aであってもeであっても、カタカナの「エ」のような発音になります。それ以外は、基本的に母音と-n、-ngを滑らかに発音していけばOKです。音源を聞きながら、より音源に近づくよう意識して発音練習をしましょう。

発音の練習

舌の動きを意識して、鼻母音を練習してみましょう。

an	ang
en	eng
ian(yan)	iang(yang)
in(yin)	ing(ying)
uan(wan)	uang(wang)
uen(wen)	ueng(weng)

発音できる単語

金鱼　jīnyú（金魚）
鲸鱼　jīngyú（鯨）
晚上　wǎnshang（夜）
网上　wǎngshang（ネット上）
燕子　yànzi（燕）
样子　yàngzi（様子）
声音　shēngyīn（音）
生硬　shēngyìng（硬い）

音声ファイル名 1_05N

Normal

第5節 声調と発音の変化

いくつかの単語は、後に来る単語の声調に引きずられて声調が変化します。慣れてくると自然にできるようになりますので、何度も聞いて練習しましょう。

“不”の変調

もともと第四声の“不”ですが、後ろに第四声の単語が来るとき、第二声に変化します。

不谢　bù+xiè→búxiè

“一”の変調

もともと第一声の“一”ですが、後ろに第一声、第二声、第三声が来ると第四声に、後ろに第四声が来ると第二声に変化します。ただし、“一月”など、序数を表すときには変化しません。

一颗　yī+kē→yìkē
一年　yī+nián→yìnián
一起　yī+qǐ→yìqǐ
一套　yī+tào→yítào

第三声の連続

第三声が2つ以上続くとき、低い音が2回続くと発音しづらいので、前の第三声を第二声に変化させて発音します。“一”や“不”の声調変化とは異なり、発音は変化させても声調記号は変化させません。

表記 実際の発音

你好　Nǐ hǎo → Ní hǎo

“儿”化

北方方言のなごりを残している現代中国語の語彙は、単語の最後に“儿”をつけることがあります。音としては、「アール」という感じで柔らかい響きを持ちます。北京や東北の話者たちはよく“儿”化しますが、上海や四川など、南方の話者からはあまり聞かれません。

もともと“儿”は“ér”と表記しますが、単語の最後に来るときは“-r”のみで“e”を脱落させて表記します。また、“-i”“-n”“-ng”の後が“儿”化する場合、“-i”“-n”“-ng”は発音せず、直前の母音から舌をそり上げて発音します。

花儿　huār（花）
小孩儿　xiǎo háir（子ども）
一点儿　yìdiǎnr（少し）
电影儿　diànyǐngr（映画）

隔音記号

2文字以上の単語で、2文字目以降の音が“a/o/e”のいずれかで始まる場合、「'」をつけて音の切れ目を示します。

西安　Xī'ān

音声ファイル名 1_05N2 Normal

まとめて練習しましょう①

地名を使った声調の練習

ここまで学んだ発音を使って、日本の地名などを覚えましょう。

	第一声	第二声	第三声	第四声	軽声
第一声	**东京** Dōngjīng 東京	**秋田** Qiūtián 秋田	**山口** Shānkǒu 山口	**千叶** Qiānyè 千葉	**妈妈** māma 母
第二声	**横滨** Héngbīn 横浜	**长崎** Chángqí 長崎	**熊本** Xióngběn 熊本	**埼玉** Qíyù 埼玉	**爷爷** yéye (父方の)祖父
第三声	**九州** Jiǔzhōu 九州	**板桥** Bǎnqiáo 板橋	**鸟取** Niǎoqǔ 鳥取	**水户** Shuǐhù 水戸	**姐姐** jiějie 姉
第四声	**静冈** Jìnggāng 静岡	**四国** Sìguó 四国	**日本** Rìběn 日本	**富士** Fùshì 富士	**爸爸** bàba 父

音声ファイル名 1_05N3 1_05S3

Normal

Slow

まとめて練習しましょう②

あいさつ

ここまで学んできた発音を使って、中国語のあいさつ表現を学んでいきましょう。リピート練習を楽しみましょう。

你好！ Nǐ hǎo!	こんにちは！
你们好！ Nǐmen hǎo!	みなさん こんにちは！
谢谢！ Xièxie!	ありがとう！
没事儿。/ 不客气。 Méishìr. / Búkèqi.	大丈夫です。/ ご遠慮なく。
再见！ Zàijiàn!	さようなら！

文法

42の文型と文法事項

　さっそく文法を学んでいきましょう。音読も大事です。四声を意識しやすいよう、中国語の上に矢印をつけています。

音声ファイル名 2_01N 2_01S

Normal

Slow

第1節 判断を表す"是"

「AはBです」を言うときに必須の表現です。AやBの単語を増やすだけで表現の幅がグンと広がるので、基本をマスターしましょう。

音読でマスター！

我是学生。

Wǒ shì xuésheng.

我是日本人。

Wǒ shì Rìběnrén.

我不是中国人。

Wǒ bú shì Zhōngguórén.

你是韩国人吗?

Nǐ shì Hánguórén ma?

他是谁?

Tā shì shéi?

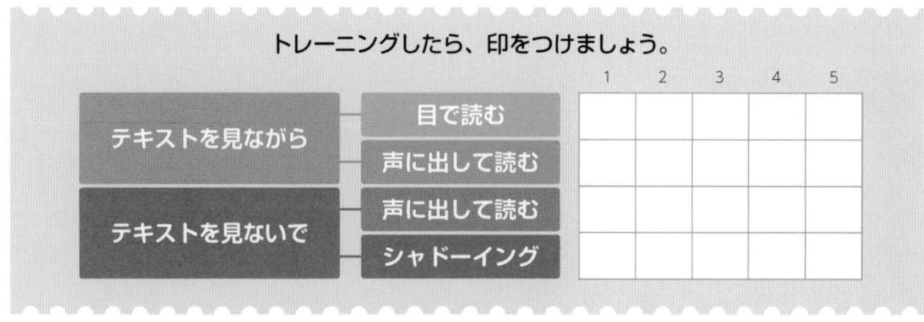

私は学生です。

我 私
wǒ
是 ～である
shì
学生 学生、生徒
xuésheng

私は日本人です。

日本人 日本人
Rìběnrén
日本 日本
Rìběn

私は中国人ではありません。

不 ～ではない
bù
中国人 中国人
Zhōngguórén
中国 中国
Zhōngguó

あなたは韓国人ですか？

你 あなた
nǐ
韩国人 韓国人
Hánguórén
吗 「～ですか」 ▶ 第2節
ma

彼は誰ですか？

他 彼
tā
谁 誰 ▶ 第9節
shéi

文法をマスター！

一番基本の動詞、使い方も豊富

“是”は、「A=Bである」という文を作るときに用いるので、非常に便利な動詞です。

「A=Bではない」というときには、副詞の“不”を前に持ってきて“不是～。”と言います。このとき、もともと第四声の“不”は、後ろの“是”の第四声に影響されて第二声へと変化するので注意しましょう。よく使うので、“不是”の発音練習を単独で何度もしてみてください。第四声の単語を否定するときはすべて第二声に変化しますので、意外と変化しがちな単語であるともいえます。

A **=** B
我 **是** 日本人。　（私は日本人です）
Wǒ shì Rìběnrén.

A **≠** B
我 **不是** 中国人。　（私は中国人ではありません）
Wǒ bú shì Zhōngguórén.

不是(bú shì)は
セットで
覚えておこう

英語のbe動詞のように使われる“是”ですが、中国語ではもう少し用途が広く、たとえば“去是去，～（行くには行くけど、～)”のような使い方があったりするので、出てくるたびに覚えていきましょう。

また、単独で“是。”と言えば、「そうです。」や「了解。」のような返事をする文も作れます。どんどん使っていきましょう。

◎ 単語帳

国や地域の言い方をマスターしよう

日本 Rìběn	日本	中国 Zhōngguó	中国
台湾 Táiwān	台湾	香港 Xiānggǎng	香港
韩国 Hánguó	韓国	俄罗斯 Éluósī	ロシア
新加坡 Xīnjiāpō	シンガポール	越南 Yuènán	ベトナム
泰国 Tàiguó	タイ	加拿大 Jiānádà	カナダ
美国 Měiguó	アメリカ	德国 Déguó	ドイツ
法国 Fǎguó	フランス	意大利 Yìdàlì	イタリア
瑞典 Ruìdiǎn	スイス	英国 Yīngguó	イギリス
澳大利亚 Àodàlìyà	オーストラリア	巴西 Bāxī	ブラジル
纽约 Niǔyuē	ニューヨーク	北京 Běijīng	北京
上海 Shànghǎi	上海	西安 Xī'ān	西安
亚洲 Yàzhōu	アジア	欧亚大陆 Ōu yà dàlù	ユーラシア
大洋洲 Dàyángzhōu	オセアニア	非洲 Fēizhōu	アフリカ

音声ファイル名 2_02N 2_02S

第2節 "吗""呢"を使った疑問文

Normal

Slow

ほとんどの文の最後につけて「～ですか？」と尋ねられる"～吗？"、話題に上がっていることを省略して「～は？」と聞ける"～呢？"、ともによく使います。

音読でマスター！

→ ↘ ⤻ → ・

他是老师吗?

Tā shì lǎoshī ma?

⤻ ↘ ↘ ↗ → ・

你是大学生吗?

Nǐ shì dàxuéshēng ma?

→ ↘ → → ↗ ↗ ・

他是公司职员吗?

Tā shì gōngsī zhíyuán ma?

⤻ ・

你呢?

Nǐ ne?

↗ ↘ ・

铃木呢?

Língmù ne?

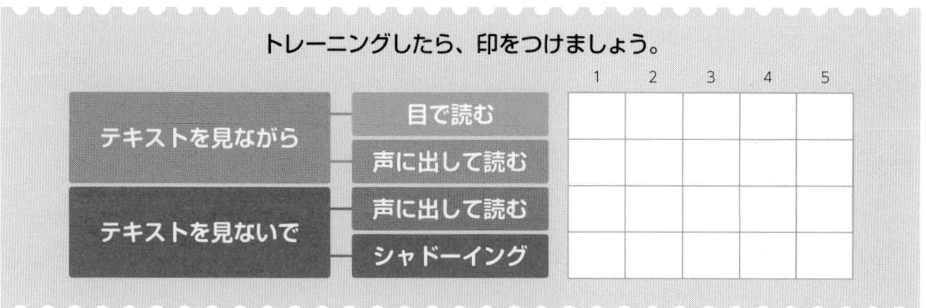

彼は先生ですか？	**老师** 先生 lǎoshī
あなたは大学生ですか？	**大学生** 大学生 dàxuéshēng
彼は会社員ですか？	**公司职员** 会社員 gōngsī zhíyuán
あなたは？	**呢** ～は？ ne
鈴木さんは？	**铃木** 鈴木（人名） Língmù

文法をマスター！

基本の疑問文を作るには文末“吗？”をつける

“吗”は、動詞を使った文（第３節）や形容詞を使った文（第５節）でも疑問文を作れる便利な助詞です。英語のように語順が変わることはなく、そのまま“吗？”をつければよいので簡単にいろいろなことを尋ねることが可能です。

你是台湾人。　　（あなたは台湾人です）
Nǐ shì Táiwān rén.
↓
你是台湾人 **吗?**　（あなたは台湾人ですか？）
Nǐ shì Táiwān rén ma?

日本語で「あなたは台湾人ですか？」を発音してみるとわかるように、文末の「か？」はとても軽く発音されます。中国語の“吗？”も、声調を失った軽声になりますので、リスニングの際には聞き落とさないように注意しましょう。ネイティブの話すスピードについていけず“吗”の有無がわからないと、会話に齟齬が生まれてしまいます。

「～さんは？」と聞きたいときには“呢？”をつける

「あなたは？」と聞き返したいときや、会話に参加している人が何について話しているか互いに了解しているとき、“呢？”はとても効果的に使えます。

A：我吃麻婆豆腐，你 **呢?**（麻婆豆腐にします。あなたは？）
Wǒ chī mápó dòufu, nǐ ne?
B：我吃刀削面。　　（私は刀削麺にします）
Wǒ chī dāoxiāomiàn.

料理名をマスターしよう

凉菜 liángcài	前菜	饺子 jiǎozi	餃子
小笼包 xiǎolóngbāo	小籠包	烧卖 shāomài	シューマイ
肉包 ròubāo	肉まん	青椒肉丝 qīngjiāo ròusī	チンジャオロース
古老肉 gǔlǎoròu	酢豚	回锅肉 huíguōròu	ホイコーロー
西红柿炒鸡蛋 xīhóngshì chǎo jīdàn	トマトとたまごの炒め物		
火锅 huǒguō	火鍋	羊肉串 yángròuchuàn	羊の串焼き
北京烤鸭 Běijīng kǎoyā	北京ダック	鱼翅汤 yúchìtāng	ふかひれスープ
牛肉面 niúròumiàn	牛肉麺	粥 zhōu	おかゆ
炒饭 chǎofàn	チャーハン	甜点 tiándiǎn	デザート、スイーツ

音声ファイル名 2_03N 2_03S

Normal

Slow

第3節 動詞述語文

中国語が英語の文法と似ていると言われるのは基本の語順が「SVO」型であるためです。まずは基本的な動詞の使い方を学びましょう。

音読でマスター！

我吃。

Wǒ chī.

我们去中国。

Wǒmen qù Zhōngguó.

田中在东京。

Tiánzhōng zài Dōngjīng.

我们做作业。

Wǒmen zuò zuòyè.

你吃午饭吗？

Nǐ chī wǔfàn ma?

トレーニングしたら、印をつけましょう。

		1	2	3	4	5
テキストを見ながら	目で読む					
	声に出して読む					
テキストを見ないで	声に出して読む					
	シャドーイング					

私は食べます。

吃　食べる
chī

私たちは中国へ行きます。

我们　私たち　wǒmen
们　～たち（我、你、他、她などのあとにつけて複数を表す）
men
去　行く　qù

田中さんは東京にいます。

田中　田中（人名）
Tiánzhōng
在　～にある、いる
zài
东京　東京
Dōngjīng

私たちは宿題をします。

做　する、やる
zuò
作业　宿題
zuòyè

お昼ご飯を食べますか？

午饭　昼ごはん
wǔfàn

文法をマスター！

まずはSVOを徹底的に叩き込む

中国語の基本はSVO（目的語がない場合はSVだけでもOKです）、介詞（前置詞）を使うときにはOが前に引き出されることがありますが、それ以外はこの語順です。また、英語と違って格変化がないためとてもシンプルです。

多くの動詞は1文字で、たとえば「手を洗う」という動詞“洗手”は1つの単語でありながら、

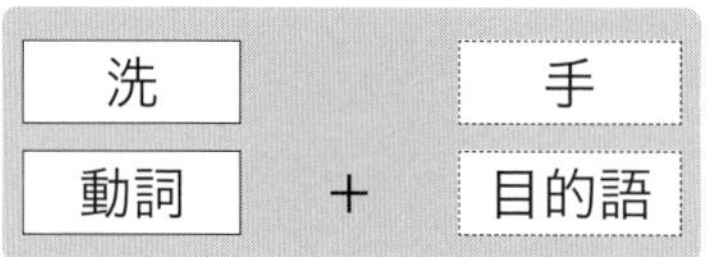

という構成になっています。2文字の動詞を見つけたら、分解して考えるようにしていきましょう。ほかによく使われる動詞としては以下のようなものがあります。

看 見る、読む kàn	**喝** 飲む hē
走 歩く zǒu	**跑** 走る pǎo
穿 着る、履く chuān	**回** 帰る huí
开 開く、スイッチを入れる kāi	**关** 閉じる、スイッチを切る guān
拿 持つ ná	**打** 打つ、さまざまな動詞の代用 dǎ

これらは、さまざまな名詞と組み合わさってフレーズを構成していきますので、見つけたら丁寧に分析する習慣をつけていきたいですね。

一日の生活をマスターしよう

起床 qǐ//chuáng	起きる	刷牙 shuā//yá	歯を磨く
洗脸 xǐ//liǎn	顔を洗う	梳头 shū//tóu	髪を梳かす
化妆 huà zhuāng	メイクする	刮脸 guā liǎn	髭をそる
吃早（午/晚）饭 chī zǎo (wǔ/wǎn) fàn	朝（昼/晩）ご飯を食べる		
喝茶 hē chá	お茶を飲む	洗碗 xǐ//wǎn	洗い物をする
换衣服 huàn yīfu	着替える	洗衣服 xǐ yīfu	洗濯する
上学 shàng//xué	通学する	下课 xià//kè	授業が終わる
上班 shàng//bān	通勤する	下班 xià//bān	仕事が終わる
看报纸 kàn bàozhǐ	新聞を読む	看电视 kàn diànshì	テレビを見る
买东西 mǎi dōngxi	買い物をする	回家 huí//jiā	家に帰る
打电话 dǎ diànhuà	電話をかける	发邮件 fā yóujiàn	メールを送る
去遛狗 qù liù gǒu	犬の散歩をする		
洗澡 xǐ//zǎo	入浴する	睡觉 shuì//jiào	寝る

※ピンインにある//のマークについては、p. 193のコラムを参照してください。

音声ファイル名 2_04N 2_04S

Normal

Slow

第4節 指示代名詞

中国語における「こそあど」言葉をマスターし、表現の幅を広げましょう。

音読でマスター！

↗ ↘

来这儿！

Lái zhèr!

↘ ↘ → ↗ ・

这是我朋友。

Zhè shì wǒ péngyou.

→ ↘ ↘

我去那儿。

Wǒ qù nàr.

↘ ↘ → ・ → → ・

那是你的手机吗？

Nà shì nǐ de shǒujī ma?

→ ・ ↘ → ・

哪个是你的？

Nǎge shì nǐ de?

トレーニングしたら、印をつけましょう。

		1	2	3	4	5
テキストを見ながら	目で読む					
	声に出して読む					
テキストを見ないで	声に出して読む					
	シャドーイング					

ここへ来て！

这儿 ここ
zhèr
来 来る
lái

こちらは私の友人です。

这 これ
zhè
朋友 友達
péngyou

私はそこへ行きます。

去 行く
qù
那儿 そこ、あそこ
nàr

あれはあなたの携帯電話ですか？

那 それ
nà
的 ～の ▶ 本節コラム参照
de
手机 携帯電話
shǒujī

どれがあなたのですか？

哪个 どれ、どの
nǎge

文法をマスター！

中国語の「これ（の）」「それ（の）」「あれ（の）」「どれ（の）」

まずは、下の表をご覧ください。

これ	それ／あれ	どれ
这 zhè	**那** nà	**哪** nǎ

“那”が「それ」、「あれ」を兼ねています。中国語は自分から近いものに“这”、遠いものに“那”を使って表現します。また、名詞につけるとき（この人、あの本、など）には、物を指す言葉（第７節「量詞」）をつけます。もっとも幅広く使えるのは“个 ge（個）”です。先取りして覚えてしまいましょう。

この	その／あの	どの
这个 zhège	**那个** nàge	**哪个** nǎge

「ここ」「そこ」などと場所を言いたいときには、こちらです。

ここ	そこ／あそこ	どこ
这儿（这里） zhèr (zhèli)	**那儿（那里）** nàr(nàli)	**哪儿（哪里）** nǎr(nǎli)

これらは、使用頻度のきわめて高い表現です。パッと言えるようになるまで覚え込みましょう。

コラム

構造助詞“的”について

「私の～」「日本の～」など、「～の」を言いたいとき、中国語では構造助詞の“的”を使います。ほとんど日本語と同じように使えて使い道が広いので、覚えてしまうと便利です。

我**的**书	日本**的**习惯
wǒ de shū	Rìběn de xíguàn
私の本	日本の習慣

人間関係、所属、科目などの“的”は省略可能です。

人間関係

我的朋友	→	我朋友	你的爸爸	→	你爸爸
wǒ de péngyou		wǒ péngyou	nǐ de bàba		nǐ bàba
私の友人			あなたのお父さん		

所属

我们的公司	→	我们公司
wǒmen de gōngsī		wǒmen gōngsī
私たちの会社		

科目

中文的老师	→	中文老师
Zhōngwén de lǎoshī		Zhōngwén lǎoshī
中国語の先生		

もちろん、“的”を言ってもかまいませんが、省略することも多いので、なくても聞いて理解できるようにはしておきたいですね。

音声ファイル名 2_05N 2_05S

第5節 形容詞述語文

Normal

Slow

形容詞を使った文を学びましょう。感情表現に直接かかわってくるのが形容詞でもありますから、言いたいものから覚えていくといいですね。

音読でマスター！

教室很干净。

Jiàoshì hěn gānjìng.

今天很热。

Jīntiān hěn rè.

她真漂亮。

Tā zhēn piàoliang.

我身体不太好。

Wǒ shēntǐ bú tài hǎo.

你不高兴吗?

Nǐ bù gāoxìng ma?

トレーニングしたら、印をつけましょう。

		1	2	3	4	5
テキストを見ながら	目で読む					
	声に出して読む					
テキストを見ないで	声に出して読む					
	シャドーイング					

教室は清潔です。

教室　教室
jiàoshì
很　とても
hěn
干净　清潔だ
gānjìng

今日は暑いです。

今天　今日
jīntiān
热　暑い
rè

彼女は本当に美しいです。

她　彼女
tā
真　本当に
zhēn
漂亮　美しい
piàoliang

身体の調子があまりよくないです。

身体　身体
shēntǐ
不太　あまり～でない
bú tài
好　良い
hǎo

機嫌が悪いですか？

高兴　嬉しい、機嫌が良い
gāoxìng

文法をマスター！

形容詞を使った文の大事なルール

形容詞述語文は、形容詞の前に“很”や“不”などの副詞をつけましょう。下の文をご覧ください。

A：我高兴。　B：我**很**高兴。
Wǒ gāoxìng.　Wǒ hěn gāoxìng.

ともに、「私は嬉しい。」という意味ですが、ニュアンスに違いがあります。副詞をつけないAの文は「私は嬉しいが、あの人は嬉しくない」という比較のニュアンスを帯びてしまうのです。対してBの文は「私」だけにフォーカスして嬉しいという感情を表しています。ここで使われる“很”は、「とても」という意味はほぼなく、「他者と比較しているわけではない」という印くらいに考えておくとよいでしょう。もちろん、下の文のように積極的に比較したいときには副詞は不要です。

我高，你矮。（私は背が高いが、あなたは低い）
Wǒ gāo, nǐ ǎi.

これを押さえれば、あとは言いたい形容詞を覚えていくだけです。下に常用される形容詞につく副詞をまとめます。次のページにある形容詞を覚えて、表現の幅を広げていきましょう。

形容詞につく副詞

很　とても hěn	**非常**　非常に fēicháng	**真**　本当に zhēn
挺～（的）　結構～だ tǐng ~(de)	**太～（了）**　～すぎる tài ~(le)	
不　～でない bù	**不太**　あまり～でない bú tài	

よく使われる形容詞をマスターしよう

対になるものはペアで覚えていくと便利です。少しずつ、必要なものから覚えていきましょう。

好　良い hǎo	坏　悪い huài	大　大きい dà	小　小さい xiǎo
多　多い duō	少　少ない shǎo	轻　軽い qīng	重　重い zhòng
长　長い cháng	短　短い duǎn	热　暑い rè	冷　寒い lěng
高　背が高い、（建物、木などが）高い gāo		矮　背が低い ǎi 低　（建物、木などが）低い dī	
贵　値段が高い guì		便宜　値段が安い piányi	
忙　忙しい máng		棒　素晴らしい bàng	
方便　便利である fāngbiàn		轻松　リラックスしている qīngsōng	
合适　（服などが）ぴったりである héshì			

音声ファイル名 2_06N 2_06S

第6節 所有を表す“有”

Normal

Slow

「いる」「ある」といった、所有を表す文型を学びましょう。

音読でマスター！

我有一个哥哥。

Wǒ yǒu yí ge gēge.

他没有电脑。

Tā méiyǒu diànnǎo.

他没有钱。

Tā méiyǒu qián.

我家有三口人。

Wǒ jiā yǒu sān kǒu rén.

你有课本吗?

Nǐ yǒu kèběn ma?

トレーニングしたら、印をつけましょう。

		1	2	3	4	5
テキストを見ながら	目で読む					
	声に出して読む					
テキストを見ないで	声に出して読む					
	シャドーイング					

私には兄がいます。

有　ある、いる
yǒu
哥哥　兄
gēge

彼はパソコンを持っていません。

没有　ない、いない
méiyǒu
电脑　パソコン
diànnǎo

彼はお金がありません。

钱　お金
qián

私は３人家族です。

家　家
jiā
口　家族を数える量詞
▶第７節
kǒu

テキストを持っていますか？

课本　テキスト
kèběn

文法をマスター！

「ある」と「いる」を表す“有”

“有”は、日本語の「ある」と「いる」の両方を表せる非常に便利な言葉で、自分について語るときに使える表現です。

所有表現“有”は、一般的な動詞と同じく主語と目的語の間に置いて使います。普通の動詞との大きな違いは、否定のときに“没”を使うことです。“不有”とは言わないので、注意してください。

你有口罩吗?　（マスクを持っていますか？）
Nǐ yǒu kǒuzhào ma?
我没有（口罩）。（持っていません）
Wǒ méiyǒu (kǒuzhào).

你有时间吗?　（時間はありますか？）
Nǐ yǒu shíjiān ma?
对不起，我很忙，没有时间。　（すみません、今忙しくて時間がありません）
Duìbuqǐ, wǒ hěn máng, méiyǒu shíjiān.

ステップアップとして、「動作をまだ行っていない（行わなかった）」というときに“没（有）”を使うので、合わせて覚えておいてください。

我没去。　（私は行っていない〈行かなかった〉）
Wǒ méi qù.
我没吃饺子。　（私は餃子を食べていない〈食べなかった〉）
Wǒ méi chī jiǎozi.

数字の言い方をマスターしよう

年月日や時間、金額や個数、人数などさまざまなところで使われる数字の言い方を練習しましょう。

*零～九		*十～十九		*十の位	
零 líng	0	十 shí	10		
一 yī	1	十一 shíyī	11		
二 èr	2	十二 shí'èr	12	二十 èrshí	20
三 sān	3	十三 shísān	13	三十 sānshí	30
四 sì	4	十四 shísì	14	四十 sìshí	40
五 wǔ	5	十五 shíwǔ	15	五十 wǔshí	50
六 liù	6	十六 shíliù	16	六十 liùshí	60
七 qī	7	十七 shíqī	17	七十 qīshí	70
八 bā	8	十八 shíbā	18	八十 bāshí	80
九 jiǔ	9	十九 shíjiǔ	19	九十 jiǔshí	90

十の位と九までの数字を組み合わせると21、22などが言えます

▶ 第7節で紹介する量詞や「～月」「～日」と組み合わせるといろいろなことが言えます。

音声ファイル名 2_07N 2_07S

Normal

Slow

第7節 量詞

物を数えるとき「1冊」「5本」と日本語でも助数詞を使うように、中国語でも「量詞」を使って表現します。

音読でマスター！

我吃三个苹果。

Wǒ chī sān ge píngguǒ.

我有两个姐姐。

Wǒ yǒu liǎng ge jiějie.

你喝一杯茶。

Nǐ hē yìbēi chá.

她买五本书。

Tā mǎi wǔ běn shū.

你用这支笔吗?

Nǐ yòng zhè zhī bǐ ma?

トレーニングしたら、印をつけましょう。

		1	2	3	4	5
テキストを見ながら	目で読む					
	声に出して読む					
テキストを見ないで	声に出して読む					
	シャドーイング					

私はりんごを3個食べます。

吃　食べる
chī
苹果　りんご
píngguǒ
个　最も使われる量詞
ge

私(に)は姉が2人います。

两　量詞につけるときの二
liǎng
姐姐　姉
jiějie

あなたはお茶を1杯飲みます。

喝　飲む
hē
杯　コップに入った液を数える量詞
bēi
茶　お茶
chá

彼女は本を5冊買います。

买　買う
mǎi
本　本を数える量詞
běn
书　本
shū

このペンを使いますか？

用　使う
yòng
支(枝)　ペンなど枝状のものを数える量詞
zhī
笔　ペン
bǐ

文法をマスター！

ものを数える単位

日本語の助数詞と同じく、中国語にも量詞という考え方があります。名詞を辞書で調べると、その名詞をどのように数えるか示されているので、必要なものを覚えていきましょう。中国語の量詞は、そのものの形を見て決められていることが多いので、必ずしも日本語の助数詞とは一致しません。

一张纸　（1枚の紙）
yì zhāng zhǐ
一张桌子　（1脚の机）
yì zhāng zhuōzi

これらは中国語では同じ"张"で数えますが、日本語では違う数え方になります。"张"は、平面が目立つものを数える量詞です。

次の例はどうでしょうか。

一片面包　（1枚のパン）
yí piàn miànbāo
一块面包　（1斤のパン）
yí kuài miànbāo

数えるものは同じでも、量詞が異なります。こちらは、日本語と同じく形によって使い分けをしているのです。

本文最後の例文では、"一"が省略されています。"一"はあえて言わないことも多いので、この言い方にも慣れていきましょう。

次のページに、よく使われる量詞を載せましたので、身の周りのものを数える練習をしてみてください。

注意！

"二"を量詞につける場合は、必ず"两"にします。発音も変わるので注意しましょう。また、"一"は後ろに来る言葉で声調が変わるので再確認しておいてください（発音編第5節参照）。

よく使われる量詞をマスターしよう

＊量詞	＊数えるもの
个 ge	人（人） 梨子（梨） rén lízi
张 zhāng	桌子（机） 纸（紙） 车票（切符） zhuōzi zhǐ chēpiào
本 běn	书（本） 课本（テキスト） 杂志（雑誌） shū kèběn zázhì
把 bǎ	椅子（椅子） 刀（ナイフ） yǐzi dāo
件 jiàn	礼物（プレゼント） 衬衫（シャツ） lǐwù chènshān
条 tiáo	路（道） 领带（ネクタイ） lù lǐngdài
块 kuài	手表（腕時計） 面包（パン） shǒubiǎo miànbāo
辆 liàng	车（車） 汽车（自動車） chē qìchē
双 shuāng	鞋（靴） 筷子（箸） xié kuàizi
杯 bēi	水（水） 茶（お茶） 酒（お酒） shuǐ chá jiǔ
瓶 píng	水（水） 茶（お茶） 酒（お酒） shuǐ chá jiǔ

音声ファイル名 2_07N2 2_07S2

Normal

Slow

まとめて練習しましょう③

自己紹介

大家好！

Dàjiā hǎo!

我叫＿＿＿＿＿＿＿＿。

Wǒ jiào＿＿＿＿.

我是大三的学生（公司职员）。

Wǒ shì dà sān de xuésheng (gōngsī zhíyuán).

今年21岁。

Jīnnián èrshiyī suì.

我家有五口人。

Wǒ jiā yǒu wǔ kǒu rén.

认识你们很高兴。请多关照！

Rènshi nǐmen hěn gāoxìng. Qǐng duō guānzhào!

みなさんこんにちは！	始めは“你好”、“你们好”、“大家好”などにすると注目を引き付けやすいです。
＿＿＿＿＿と申します。	名前のピンインは、辞書、ネット等で調べましょう（「漢字＋中国語＋ピンイン」などとネットで調べると出てきます）。
大学３年生（会社員）です。	「大学～年生」は“大～”、「高校～年生」は“高～”、「中学～年生」は“初～”と表現します。
今年21歳です。	年齢を言うには、“今年～岁。”と並べればOKです。動詞は不要です。
５人家族です。	家族の人数を数える量詞は“口”です。“个”ではないので注意しましょう。
みなさんと知り合えて嬉しいです。 よろしくお願いいたします！	“认识你（们）很高兴”はビジネスレベルでも使えます。ここでしっかり覚えておきましょう。

音声ファイル名 2_08N 2_08S

Normal

Slow

第8節 変化や新しい状況の発生を表す"了"

「～になった」という変化、「～した」という完了を表す表現を学びます。

音読でマスター！

↗ · ·

回来了。

Huílai le.

→ ↗ ↘ ⤻ ·

都十二点了。

Dōu shí'èr diǎn le.

⤻ ↘ ↘ ↗ → ·

我是大学生了。

Wǒ shì dàxuéshēng le.

⤻ → · → → ↗

我喝了三杯茶。

Wǒ hēle sān bēi chá.

↗ → ↗ ⤻ · ↘ ⤻ ↗ ↘

昨天我买了一本杂志。

Zuótiān wǒ mǎile yì běn zázhì.

トレーニングしたら、印をつけましょう。

		1	2	3	4	5
テキストを見ながら	目で読む					
	声に出して読む					
テキストを見ないで	声に出して読む					
	シャドーイング					

ただいま。（直訳：帰ってきました）

了　～になった（変化）
le

もう12時になりました。

都～了　もう～になった
dōu ~le
点　～時
diǎn

私は大学生になりました。

大学生　大学生
dàxuéshēng

私はお茶を３杯飲みました。

喝　飲む
hē
杯　コップに入っているものを数える量詞
bēi
了　～した（完了）
le

私は昨日、雑誌を１冊買いました。

昨天　昨日
zuótiān
杂志　雑誌
zázhì

文法をマスター！

「変化」という考え方をしっかりマスター

“了”には２種類、文末に来るものと動詞の直後に来るものとがあります。わかりやすいのは文末に来るもので、変化を示します。次のように主語が「変化」した文から、主語の決断を示すような文まで表現することが可能です。

我是高中生**了**。　　（高校生になった）
Wǒ shì gāozhōngshēng le.
我明天不去学校**了**。（私は明日学校へ行かないことにした）
Wǒ míngtiān bú qù xué xiào.

「完了」は必ずしも「過去」ではない

動詞の直後に“了”を置くと、「動作の完了」を示すことができます。「完了」と聞くと、どうしても過去形のようにとらえてしまいがちなのですが、「ご飯食べたら出発しよう」と言うようなとき、未来にも完了の言い方があります。ですので、「完了」を「過去」と考えないように注意が必要です。また、完了の“了”のときには公式があります。以下をご覧ください。

動詞 ＋ 了 ＋数量表現（数詞＋量詞）**＋名詞**

吃**了**三个苹果。（りんごを３つ食べた）
Chī le sān ge píngguǒ.

数量表現を抜いてしまうと、ネイティブの耳にはまだ文が終わっていないように聞こえるので、必ず入れていきましょう。

否定するときは“没”を使う

没去。（行っていない）
Méi qù.

“你去了吗？”（行きましたか？）などと聞かれて、「行きました」と言うときには“去了。”、「行っていません」と言うときには“没去。”を使います。完了の否定なので、動作がまだ起きていないという“有”の否定“没有”を使うのです（→第６節「文法をマスター」）。

時間の言い方をマスターしよう

中国語の時間表現を覚えて、日々の生活を中国語で表現できるようにしましょう。

～点　～時 diǎn	～分　～分 fēn	半　～（時）半 bàn

现在几点？（今何時ですか？） Xiànzài jǐ diǎn?

现在十点四十分。(10時40分です） Xiànzài shí diǎn sìshí fēn.

现在两点半了。(2時半になりました） Xiànzài liǎng diǎn bàn le.

※「2時」のときには“两点”を使います。「12時」は“十二点”でOKです。

また、下記の単語を時間の前につけて時間帯を表現することもあります。

早上 zǎoshang	朝	早上五点 zǎoshang wǔ diǎn	朝5時
上午 shàngwǔ	午前	上午九点 shàngwǔ jiǔ diǎn	午前9時
中午 zhōngwǔ	お昼	中午十二点 zhōngwǔ shí'èr diǎn	お昼12時
下午 xiàwǔ	午後	下午三点 xiàwǔ sān diǎn	午後3時
晚上 wǎnshang	夜	晚上八点 wǎnshang bā diǎn	夜8時

＊日常生活を表現してみましょう。

時間表現は、主語と動詞の間に入れます。

我早上六点起床。(朝6時に起きます） Wǒ zǎoshang liù diǎn qǐchuáng.

她中午十二点吃饭。(彼女はお昼の12時にご飯を食べます）

Tā zhōngwǔ shí'èr diǎn chīfàn.

第3節の「一日の生活をマスターしよう」を参照しながら、時間を組み合わせて言えるようになりましょう。

音声ファイル名 2_09N 2_09S

第9節 疑問詞疑問文

Normal

Slow

中国語の疑問詞とその使い方を覚えて、知りたいことを尋ねられるようにしましょう。

音読でマスター！

↘ ↘ ↗ ・

这是什么?

Zhè shì shénme?

→ ↘ ↗

他是谁?

Tā shì shéi?

↗ ・ ↗ ・ ↘

什么时候去?

Shénme shíhou qù?

→ ↘ →

你在哪儿?

Nǐ zài nǎr?

→ ↘ → ・

你要几个?

Nǐ yào jǐ ge?

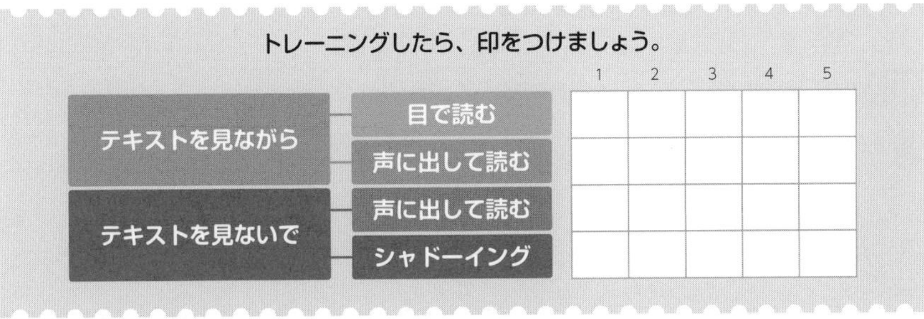

これは何ですか？	**这** これ zhè **什么** 何 shénme
彼は誰ですか？	**谁** 誰 shéi
いつ行きますか？	**什么时候** いつ shénme shíhou **去** 行く qù
どこにいますか？	**在** 〜にいる／ある zài **哪儿** どこ nǎr
いくつ欲しいですか？	**要** 欲しい、必要である yào **几** いくつ jǐ

文法をマスター！

疑問詞を使って疑問文を作るとき、“吗”は不要

中国語の文法は合理的なものが多く、疑問詞を使うときにはすでに疑問詞自体に疑問のニュアンスが含まれているため、あえてまた“吗”を使うことはしません。目的語の位置に疑問詞を置くだけです。答えるときにも、その疑問詞の位置に具体的な答えを入れれば良いので簡単です。そのぶん、リスニングの際に聞き落とすと質問されていることすらわからないということにもなりますので、何度も触れて慣れていきましょう。

这是**什么**？ Zhè shì shénme? （これは何ですか？）	这是**汉语词典**。 Zhè shì Hànyǔ cídiǎn. （中国語の辞書です）
他是**谁**？ Tā shì shéi? （彼は誰ですか？）	他是**我爸爸**。 Tā shì wǒ bàba. （彼は私の父です）
什么时候去? Shénme shíhou qù? （いつ行きますか？）	**明天**去。 Míngtiān qù. （明日行きます）
你在**哪儿**？ Nǐ zài nǎr? （どこにいますか？）	我在**图书馆**。 Wǒ zài túshūguǎn. （図書館にいます）

月日に関する表現をマスターしよう

「今日は何月何日何曜日？」を、中国語で言えるようにしましょう。

今天几月几号星期几?　(今日は何月何日何曜日ですか？)
Jīntiān jǐ yuè jǐ hào xīngqī jǐ?

“月”、“号” はそれぞれ、「月」、「日」に対応します。練習が必要なのは曜日の言い方です。数字で数えていくのは土曜日までで、日曜日のみ言い方が変わると覚えれば簡単かもしれません。中国南部や台湾では、“星期” の代わりに “礼拜 lǐbài” を使うこともあります。

星期一　月曜日 xīngqīyī	星期二　火曜日 xīngqī'èr	星期三　水曜日 xīngqīsān
星期四　木曜日 xīngqīsì	星期五　金曜日 xīngqīwǔ	星期六　土曜日 xīngqīliù
星期天（日）　日曜日 xīngqītiān (rì)		

「誕生日」を表現してみましょう。中国語で誕生日は “生日 shēngri” です。

我的生日是～月～号。　(私の誕生日は～月～日です)
Wǒ de shēngri shì ~yuè ~hào.

このようにすれば、誕生日が言えます。自己紹介にプラスしてもいいかもしれませんね。

音声ファイル名 2_10N 2_10S

Normal

Slow

第10節 "吧"を使った疑問文、反復疑問文、選択疑問文

疑問文のバリエーションを増やして、表現の幅を広げましょう。

音読でマスター！

您是张老师吧?

Nín shì Zhāng lǎoshī ba?

你明天不来吧?

Nǐ míngtiān bù lái ba?

这个冰棍儿甜不甜?

Zhège bīnggùnr tián bu tián?

他是不是王先生?

Tā shì bushì Wáng xiānsheng?

你喝茶还是喝咖啡?

Nǐ hē chá háishi hē kāfēi?

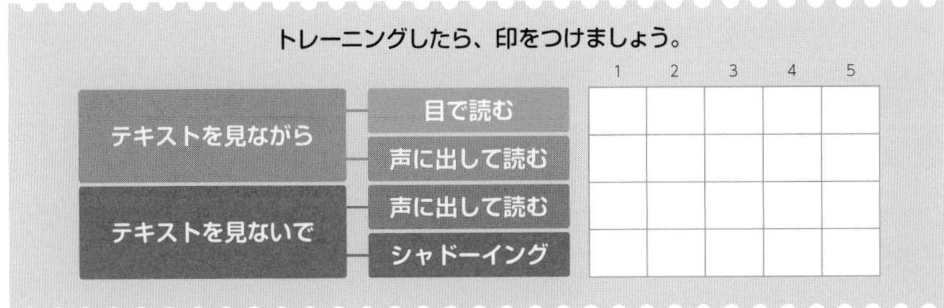

あなたは張先生ですよね？

张 張（人名）
Zhāng
老师 先生
lǎoshī
吧 ～ですよね？
ba

明日、あなたは来ませんよね？

明天 明日
míngtiān
来 来る
lái

このアイスキャンディーは
甘いですか？

冰棍儿 アイスキャンディー
bīnggùnr
甜 甘い
tián

彼は王さんじゃないの？

是不是 ～じゃないの？
shì bushì
王 王（人名）
Wáng
先生 （男性に対して）～さん
xiānsheng

お茶を飲みますか？
それともコーヒーにしますか？

还是 それとも
háishi
咖啡 コーヒー
kāfēi

文法をマスター！

確認の“吧”

確認、推量するときの表現で、覚えておくと大変便利です。肯定文の文末につけましょう。

这是你的电脑吧？　（これはあなたのパソコンですよね？）
Zhè shì nǐ de diànnǎo ba?

反復疑問文

相手に「はい」か「いいえ」か、どちらかの回答を選んでほしいときに使います。動詞だけでなく形容詞でもこの文を作れます。

主語＋V＋不＋V＋～？

这**是不是**你的？　（これ、あなたのですか？）
Zhè shì bushì nǐ de?

你**吃不吃**晚饭？　（晩ご飯、食べますか？）
Nǐ chī bu chī wǎnfàn?

選択疑問文

「Aですか、それともBですか？」と、選択肢から選んでほしいときに使います。

你买这个**还是**买那个？
（これを買いますか、それともあれを買いますか？）
Nǐ mǎi zhège háishi mǎi nàge?

また“还是”は、動詞の前に置くと「やはり」というニュアンスを付加できます。「それとも」の意味で読めないときは、こちらの意味を思い出してください。

还是坐飞机去。　（やっぱり飛行機で行こう）
Háishi zuò fēijī qù.

○ 単語帳

日本人の名前をマスターしよう

日本人の苗字として比較的多いものを覚えていきましょう。漢字を使う名前は、以下のように中国語で読んでいけばOKです。

佐藤　佐藤 Zuǒténg	铃木　鈴木 Língmù	高桥　高橋 Gāoqiáo
田中　田中 Tiánzhōng	伊藤　伊藤 Yīténg	渡边　渡辺 Dùbiān
山本　山本 Shānběn	中村　中村 Zhōngcūn	小林　小林 Xiǎolín
加藤　加藤 Jiāténg	吉田　吉田 Jítián	山田　山田 Shāntián
佐佐木　佐々木 Zuǒzuǒmù	山口　山口 Shānkǒu	松本　松本 Sōngběn
井上　井上 Jǐngshàng	木村　木村 Mùcūn	林　林 Lín
斋藤　斎藤 Zhāiténg	清水　清水 Qīngshuǐ	二宫　二宮 Èrgōng

＊ひらがなの名前はどう伝える？

日本人の名前は漢字を使うことが多いので、そのまま中国語にすれば伝わります。ひらがなの名前を持つ方はどうするかという問題がありますが、「あすか」さんを例にとって考えてみましょう。

意味を訳す場合は、飛鳥や明日香とし、そのまま中国語読みします。

例：飞鸟 Fēiniǎo，明日香 Míngrìxiāng

音を訳す場合は、日本語の音に近い中国語の漢字を選択します。

例：阿丝卡 Āsīkǎ

要は、自由に選んでかまわないのです。愛着が持てるように選んでいきたいですね。

音声ファイル名 2_11N 2_11S

Normal

Slow

第11節 数量補語

「～時間…する（した）」と、動作の量を言いたいときに使う文型をマスターしましょう。

音読でマスター！

她昨天玩儿了一天游戏。

Tā zuótiān wánrle yì tiān yóuxì.

我每天学两个小时汉语。

Wǒ měi tiān xué liǎng ge xiǎoshí Hànyǔ.

我学了两年汉语。

Wǒ xuéle liǎng nián Hànyǔ.

我学了两年汉语了。

Wǒ xuéle liǎng nián Hànyǔ le.

你学汉语学了多长时间了？

Nǐ xué Hànyǔ xuéle duō cháng shíjiān le?

トレーニングしたら、印をつけましょう。

		1	2	3	4	5
テキストを見ながら	目で読む					
	声に出して読む					
テキストを見ないで	声に出して読む					
	シャドーイング					

彼女は昨日、一日中ゲームをしていました。

玩　遊ぶ
wán
游戏　ゲーム
yóuxì

毎日、中国語を2時間学びます。

每天　毎日
měi tiān
学　学ぶ
xué
～个小时　～時間
～ge xiǎoshí
汉语　中国語
Hànyǔ

2年間、中国語を学びました。

了　完了の"了" ▶第8節
le
年　年
nián

中国語を学んで2年になります。

了　変化の"了" ▶第8節
le

どれくらい中国語を学んでいますか？

多长时间　どのくらいの時間
duō cháng shíjiān

文法をマスター！

動作量の表現をマスター

●「～時間…する」と言うときの語順

主語＋動詞＋時間

我每天睡**八个小时**。　（私は毎日８時間寝る）
Wǒ měi tiān shuì bā ge xiǎoshí.

目的語が入る場合、目的語の種類によって置く位置を分けます。一般的な名詞は次のとおりで、「彼」など代名詞の場合は動詞の直後に目的語を置きます。

我学了**九年**英语。　(9年間英語を学んだ)
Wǒ xuéle jiǔ nián Yīngyǔ.
我等了他**半个小时**。　（私は彼を30分待った）
Wǒ děngle tā bàn ge xiǎoshí.

どれくらいの時間したか（しているか）を聞くときの語順

主語＋動詞＋時間を聞く表現？

你学书法学了**多长时间**？（どのくらい書道をされましたか？）
Nǐ xué shūfǎ xuéle duō cháng shíjiān?
你学书法学了**多长时间了**？
（どのくらい書道をされていますか？）
Nǐ xué shūfǎ xuéle duō cháng shíjiān le?

“了”が1つの場合、完了を示すので（第8節参照）「もうやっていない、昔やった」意味になり、“了”が2つあるときは「今も継続している」という意味になります。整理しておきましょう。

科目の言い方をマスターしよう

一般的な科目について、中国語での言い方を覚えましょう。

语文 yǔwén	国語	数学 shùxué	数学
历史 lìshǐ	歴史	地理 dìlǐ	地理
化学 huàxué	化学	生物 shēngwù	生物
物理 wùlǐ	物理	艺术 yìshù	芸術
美术 měishù	美術	音乐 yīnyuè	音楽
书法 shūfǎ	書道	技术 jìshù	技術
体育 tǐyù	体育	法律 fǎlǜ	法律
文学 wénxué	文学	哲学 zhéxué	哲学

音声ファイル名 2_12N 2_12S

第12節 所在を表す“在”

Normal

Slow

「～は…にいる/ある」という表現をマスターしましょう。

音読でマスター！

剪刀在抽屉里。

Jiǎndāo zài chōuti li.

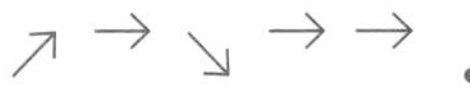

钱包在书包里。

Qiánbāo zài shūbāo li.

老刘在家吗？

Lǎo Liú zài jiā ma?

你在哪儿？

Nǐ zài nǎr?

我在家呢。

Wǒ zài jiā ne.

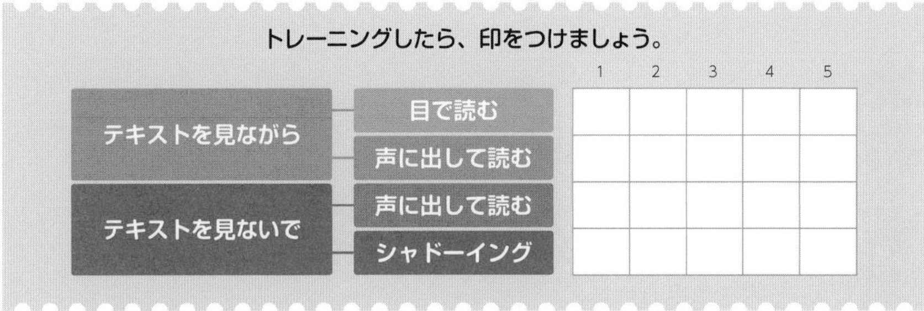

ハサミは引き出しの中にあります。	**剪刀** ハサミ jiǎndāo **在** ～にある zài **抽屉** 引き出し chōuti **里** ～の中に li
財布はカバンの中にあります。	**钱包** 財布 qiánbāo **书包** カバン shūbāo
劉さんは家にいますか？	**老** ～さん lǎo **刘** 劉(人名) Liú **家** 家 jiā
あなたはどこにいますか？	**哪儿** どこ nǎr
家にいますよ。	**呢** 文末に置いて語気を整 ne える助詞「～(です)よ」

文法をマスター！

所在を表す表現

「…にある/いる」を言いたいとき、“在”を使って以下の語順で並べます。

主語＋在＋場所

このとき注意が必要なのは、普通の名詞、たとえば「ポケット」「机」「書棚」などにモノがあるときです。中国語では、こうした名詞を場所化するための言葉（方位詞）があり、中にあるならば“里li”、表面にあるならば“上shang”を後ろにつけます。

● 場所を表す名詞の場合

我在北海道。（私は北海道にいる）
Wǒ zài Běihǎidào.

● 場所ではない名詞の場合

词典在桌子上。（辞書は机の上にある）
Cídiǎn zài zhuōzi shang.

また、このとき“里”や“上”は軽声で読まれます。場所を表す名詞は基本的に地名で、これらには方位詞をつけない、それ以外は“里”か“上”をつけると覚えておくといいでしょう。中にはつけなくてもいい一般的な名詞（学校、邮局、图书馆などの建物を表す名詞、次ページ参照）もありますが、ひとまずつけておけば間違いありません。

単語帳

場所化する名詞をマスターしよう

＊方位詞があってもなくてもよいもの

学校 xuéxiào	学校
邮局 yóujú	郵便局
图书馆 túshūguǎn	図書館
博物馆 bówùguǎn	博物館
美术馆 měishùguǎn	美術館
教室 jiàoshì	教室
办公室 bàngōngshì	事務室

＊方位詞が必要なもの

冰箱 bīngxiāng	冷蔵庫
抽屉 chōuti	引き出し
书架 shūjià	本棚
桌子 zhuōzi	テーブル
口袋 kǒudài	ポケット
钱包 qiánbāo	財布
书包 shūbāo	カバン

音声ファイル名 2_13N 2_13S

第13節 介詞① "从～到～""离～"

Normal

Slow

前置詞とも呼ばれる介詞の語順を学び、表現の幅を広げましょう。

音読でマスター！

↗ ↘ ⤻ ↗ ⤻ ↘ ↘ ⤻ ↗ ⤻ → ↘

从上午九点到下午五点工作。

Cóng shàngwǔ jiǔ diǎn dào xiàwǔ wǔ diǎn gōngzuò.

↗ ↘ ↘ ↗ ↘ ↘ ⤻ → →

从这儿到银座要五分钟。

Cóng zhèr dào Yínzuò yào wǔ fēnzhōng.

↗ ⤻ → ↘ → → ↘ → ↗ ↗ →

从你家到公司要多长时间？

Cóng nǐ jiā dào gōngsī yào duōcháng shíjiān?

→ ↘ ↗ ↘ ↗ ⤻

车站离这儿很远。

Chēzhàn lí zhèr hěn yuǎn.

↗ ⤻ ↘ ↗ ⤻ ↗ • → →

离考试还有一个星期。

Lí kǎoshì hái yǒu yí ge xīngqī.

トレーニングしたら、印をつけましょう。

		1	2	3	4	5
テキストを見ながら	目で読む					
	声に出して読む					
テキストを見ないで	声に出して読む					
	シャドーイング					

午前9時から午後5時まで仕事をします。

从 ～から cóng
到 ～まで dào
工作 仕事 gōngzuò

ここから銀座まで5分です。

银座 銀座
Yínzuò
要 （時間が）かかる
yào
分钟 分間
fēnzhōng

家から会社までどれくらいかかりますか？

公司 会社
gōngsī

駅はここから遠いです。

车站 駅
chēzhàn
离 ～から～まで
lí
远 遠い
yuǎn

試験まであと1週間です。

考试 試験
kǎoshì
还有 ～まであと
hái yǒu
一个星期 1週間
yí ge xīngqī

文法をマスター！

介詞の語順

介詞は、前置詞とも呼ばれますが英語の前置詞とは扱いが異なります。基本的には動詞の前に介詞を含むフレーズを置き、その介詞の種類によって、「時間」「場所」「動作の対象」などを動作の前に引き出します。“从～到～”や“离～”は、主に「時間」や「場所」を導く介詞です。

● 時間

時間＋動詞

从九点开始。（9時からスタートです）
Cóng jiǔ diǎn kāishǐ.

● 場所

場所＋動詞

从这儿出发。（ここから出発します）
Cóng zhèr chūfā.

2つの「～から」

中国語には「～から（～まで）」という表現が2つあります。簡単に整理してみましょう。

从～到～	出発点と到達点に注目 「～から～まで（…する）」後ろに来るのは主に動詞
离～	2点間の距離に注目 「～から～まで（遠い/近い）」後ろに来るのは形容詞

ただし、“离”には本文の5番目のように、期限を示す用法があるので、そのときには後ろに動詞が来ます。「～から～まで」というときは、圧倒的に“从～到～”の方が使用頻度が高いので、まずはこちらを押さえておきましょう。

時間の長さを表す表現をマスターしよう

時間の長さを時量と言います。時量は、第11節で学んだように、動詞の後に来ます。

＊～分間

一分钟　1分間 yì fēnzhōng	两分钟　2分間 liǎng fēnzhōng
十五分钟　15分間 shíwǔ fēnzhōng	三十分钟（半个小时）　30分間 sānshí fēnzhōng (bàn ge xiǎoshí)
四十五分钟　45分間 sìshiwǔ fēnzhōng	

＊～時間

一个小时　1時間 yí ge xiǎoshí	两个小时　2時間 liǎng ge xiǎoshí

＊～日間

一天　1日間 yì tiān	两天　2日間 liǎng tiān

＊～週間

一个星期　1週間 yí ge xīngqī	两个星期　2週間 liǎng ge xīngqī

＊～か月

一个月　1か月 yí ge yuè	两个月　2か月 liǎng ge yuè

＊～年間

一年　1年間 yì nián	两年　2年間 liǎng nián

“一”の声調変化がたくさん出てきますから、何度も発音して早めに慣れてしまいましょう。

音声ファイル名 2_14N 2_14S

Normal

第14節 「好き」の表現

Slow

中国語における「好き」の表現には、注意点があります。
丁寧に押さえていきましょう。

音読でマスター！

我喜欢你。

Wǒ xǐhuan nǐ.

我很喜欢学习汉语。

Wǒ hěn xǐhuan xuéxí Hànyǔ.

我爱运动。

Wǒ ài yùndòng.

我不太喜欢运动。

Wǒ bú tài xǐhuan yùndòng.

我不喜欢看电影。

Wǒ bù xǐhuan kàn diànyǐng.

トレーニングしたら、印をつけましょう。

		1	2	3	4	5
テキストを見ながら	目で読む					
	声に出して読む					
テキストを見ないで	声に出して読む					
	シャドーイング					

あなたが好きです。

喜欢 好きだ
xǐhuan

中国語を学ぶのがとても好きです。

学习 学ぶ
xuéxí

スポーツが好きです。

爱 好きだ、愛している
ài
运动 スポーツ
yùndòng

スポーツがあまり好きではありません。

不太 あまり～でない
bú tài

映画を観るのが好きではありません。

看 見る
kàn
电影 映画
diànyǐng

文法をマスター！

「～するのが好き」と言うときには、動詞が必要

“喜欢”“爱”ともに「好き」という感情を表す動詞です。日本語では、「映画が好き」「英語が好き」などと、動詞を省略して言うことも可能ですが、中国語の場合は「どうするのが好きなのか」を言う必要があります。

我喜欢英语。 ➡ 我喜欢**学习**英语。
Wǒ xǐhuan Yīngyǔ. Wǒ xǐhuan xuéxí Yīngyǔ.
（私は英語を勉強するのが好きだ）

また、「あまり好きではない」とか「好きではない」などについては、今までに学んだ“不太”や“不”などを使って表現することが可能です。逆に「とても好き」と言いたいときには“很”を入れて表現します。このとき、第三声が続きますから、“我很喜欢”の声調は「3、2、3、軽声」になります。頻出表現なのですぐ言えるように練習しておきましょう。

趣味を説明するときに非常に便利で、自己紹介にいくつか入れられると、自分のことをより一歩深く相手に伝えることができますね。

また“很”は副詞なので動詞である“喜欢”の前に置きます。

我**不太**喜欢学习英语。
Wǒ bú tài xǐhuan xuéxí Yīngyǔ.
（私は英語を勉強するのがあまり好きではない）

我**不**喜欢学习英语。
Wǒ bù xǐhuan xuéxí Yīngyǔ.
（私は英語を勉強するのが好きではない）

我**很**喜欢学习英语。
Wǒ hěn xǐhuan xuéxí Yīngyǔ.
（私は英語を勉強するのがとても好きだ）

趣味の言い方をマスターしよう

趣味の多くは、動詞+名詞の組み合わせで説明できます。“喜欢”のあとにこれらを置いて、趣味を言えるようになりましょう。

打棒球 dǎ bàngqiú	野球をする	打网球 dǎ wǎngqiú	テニスをする
打篮球 dǎ lánqiú	バスケットボールをする	做瑜伽 zuò yújiā	ヨガをする
打乒乓球 dǎ pīngpāngqiú	卓球をする	踢足球 tī zúqiú	サッカーをする
跳舞 tiào//wǔ	ダンスをする	游泳 yóu//yǒng	泳ぐ
演奏乐器 yǎnzòu yuèqì	楽器を演奏する	唱卡拉OK chàng kǎlāOK	カラオケを歌う
拍照 pāi//zhào	写真を撮る	看书 kàn//shū	読書する
玩儿游戏 wánr yóuxì	ゲームをする	旅游 lǚyóu	旅行する
看电影 kàn diànyǐng	映画を観る	听音乐 tīng yīnyuè	音楽を聴く
做菜 zuò//cài	料理をする	编织 biānzhī	編み物をする
画画儿 huà huàr	絵を描く	投飞镖 tóu fēibiāo	ダーツをする
爬山 pá//shān	山登りをする	钓鱼 diào//yú	釣りをする

音声ファイル名 2_14N2 2_14S2

Normal 

Slow 

まとめて練習しましょう④

一日の習慣

今までに学んだ表現で、一日の生活を説明しましょう。使われている文法を意識できると、より定着します。

我每天７点起床，７点半吃早饭。

Wǒ měi tiān qī diǎn qǐchuáng, qī diǎn bàn chī zǎofàn.

从上午９点到下午５点上课。

Cóng shàngwǔ jiǔ diǎn dào xiàwǔ wǔ diǎn shàng kè.

下课后，我常常去咖啡店。

Xià kè hòu, wǒ chángcháng qù kāfēi diàn.

我喜欢喝咖啡。

Wǒ xǐhuan hē kāfēi.

晚上８点回家，吃晚饭。

Wǎnshang bā diǎn huí jiā, chī wǎnfàn.

到12点复习，１点左右洗澡，然后睡觉。

Dào shí'èr diǎn fùxí, yì diǎn zuǒyòu xǐ zǎo, ránhòu shuì jiào.

私は毎日7時に起き、 7時半に朝ご飯を食べます。	時間の後に、動作を含むフレーズを置きましょう。
午前9時から午後5時まで 授業に出ます。	“从～到～”は、場所だけでなく時間にも使える便利な表現です。
授業後、よくコーヒーショップに 行きます。	“常常”は「いつも」、「よく」という意味で、習慣を説明するときによく使われます。
コーヒーを飲むのが好きです。	中国語は、「何をするのが好きなのか」を言うことが多いので、動詞“喝”を忘れずに入れましょう。
夜8時に帰宅し、夕飯を食べます。	時間は動詞の前に置いて表現します。日本語と近いので覚えやすいですね。
12時まで復習をして、1時ごろお風呂に入り、その後寝ます。	“然后”は「その後」という意味です。他にも会話のつなぎとして「それでね」というニュアンスでも使われるので覚えておきましょう。

音声ファイル名 2_15N 2_15S

第15節 経験を表す“过”

Normal

Slow

「～したことがある」という経験を伝えられるようになりましょう。

音読でマスター！

我去过北京。

Wǒ qùguo Běijīng.

我见过他一次。

Wǒ jiànguo tā yí cì.

你爬过富士山吗？

Nǐ páguo Fùshìshān ma?

我没走过这条路。

Wǒ méi zǒuguo zhè tiáo lù.

我从来没做过中国菜。

Wǒ cónglái méi zuòguo Zhōngguó cài.

トレーニングしたら、印をつけましょう。

		1	2	3	4	5
テキストを見ながら	目で読む					
	声に出して読む					
テキストを見ないで	声に出して読む					
	シャドーイング					

私は北京に行ったことがあります。

过　経験を表す補語
guo
北京　北京
Běijīng

私は彼に1度会ったことがあります。

一次　1度
yí cì

富士山に登ったことがありますか？

爬　登る、登山する
pá
富士山　富士山
Fùshìshān

この道を歩いたことはありません。

走　歩く
zǒu
条　道などにつく量詞
tiáo
路　道路
lù

中国料理をこれまで作ったことはありません。

从来　これまで
cónglái
中国菜　中国料理
Zhōngguó cài

文法 をマスター！

経験を表す“过”

動詞の後に“过”を付けると、「〜したことがある」という経験を表せます。一般的な名詞が目的語の場合は次の語順となります。

動詞＋过＋数量＋**目的語**

我看过一次**中国电影**。 （中国映画を１回観たことがある）
Wǒ kànguò yí cì Zhōngguó diànyǐng.

代名詞が目的語の場合は次の語順となります。

動詞＋过＋**目的語**＋数量

我去过**那儿**两次。 （そこに２回行ったことがある）
Wǒ qùguo nàr liǎng cì.

地名や人名が目的語の場合はどちらの語順でもかまいません。

我去过**北京**两次。 （私は２度北京に行ったことがある）
Wǒ qùguo Běijīng liǎng cì.
我去过两次**北京**。 （私は２度北京に行ったことがある）
Wǒ qùguo liǎng cì Běijīng.

「経験」の否定ですから、“不”ではなく“没（〜したことがない）”を使います。このとき、“过”は残しましょう。

また、「これまで」を表す“从来”は“没〜过”と非常に相性が良く、しばしばともに使われます。“从来”があると、否定を強調する効果があります。

我没见过他。 （私は彼に会ったことがない）
Wǒ méi jiànguo tā.
我**从来**没见过他。 （私はこれまで彼に会ったことがない）
Wǒ cónglái méi jiànguo tā.

身近な店、ブランド名をマスターしよう

いつも行くお店や愛用メーカーの中国語を覚えましょう。

＊飲食

麦当劳　マクドナルド Màidāngláo	肯德基　ケンタッキーフライドチキン Kěndéjī
汉堡王　バーガーキング Hànbǎowáng	必胜客　ピザハット Bìshèngkè
萨莉亚　サイゼリア Sàlìyà	星巴克　スターバックス Xīngbākè

＊スーパー・コンビニ

7-11　セブン-イレブン Qīshíyī	全家　ファミリーマート Quánjiā
罗森　ローソン Luō sēn	永旺　イオン Yǒngwàng
伊藤洋华堂　イトーヨーカドー Yīténg yánghuátáng	

＊電機メーカー等

苹果　アップル Píngguǒ	谷歌　グーグル Gǔgē
三星　サムスン Sānxīng	雅虎　ヤフー Yǎhǔ
佳能　キヤノン Jiānéng	索尼　ソニー Suǒní
松下　パナソニック（旧社名の松下電器からとった呼称） Sōngxià	

音声ファイル名 2_16N 2_16S

第16節 可能を表す“会”“能”“可以”

Normal

Slow

中国語は可能の表現が豊富です。ケース別にマスターしましょう。

音読でマスター！

我会弹钢琴。

Wǒ huì tán gāngqín.

我能看英文小说。

Wǒ néng kàn Yīngwén xiǎoshuō.

我能跑三公里。

Wǒ néng pǎo sān gōnglǐ.

我可以上洗手间吗？

Wǒ kěyǐ shàng xǐshǒujiān ma?

这儿不能打电话。

Zhèr bù néng dǎ diànhuà.

トレーニングしたら、印をつけましょう。

		1	2	3	4	5
テキストを見ながら	目で読む					
	声に出して読む					
テキストを見ないで	声に出して読む					
	シャドーイング					

私はピアノが弾けます。

会　～できる
huì
弹　弾く
tán
钢琴　ピアノ
gāngqín

私は英語の小説を読めます。

能　～できる
néng
小说　小説
xiǎoshuō

私は3キロ走れます。

跑　走る
pǎo
公里　キロメートル
gōnglǐ

お手洗いに行ってもいいですか？

可以　～できる、～してもよい
kěyǐ
上　～に行く
shàng
洗手间　お手洗い
xǐshǒujiān

ここで電話してはいけません。

打　（電話を）かける
dǎ
电话　電話
diànhuà

文法をマスター！

3つの「できる」を使い分け

中国語には、可能の助動詞が３つあります。基本を押さえましょう。

● **会**：練習、勉強した結果「できる」こと

会说外语　（外国語を話せる）
huì shuō wàiyǔ
会游泳　（泳げる）
huì yóuyǒng
会开车　（車を運転できる）
huì kāi chē

● **能**：身体的な能力等が備わってできること、具体的な数字や能力の詳細を示して「できる」ということ

能游100米　（100メートル泳げる）
néng yóu yì bǎi mǐ
能看英文报　（英字新聞を読める）
néng kàn Yīngwén bào

● **可以**：基本的には"能"と交換可能で、こちらは特に許可のニュアンスが強い。否定はふつう"不能"を用いる。

可以吸烟　（タバコが吸える）
kěyǐ xīyān
不能进去　（入らないでください）
bù néng jìnqu

これらはすべて助動詞ですから、必ず動詞の前に置いて文を組み立てていきましょう。

コラム

禁止を表す表現

「～しないでください」を中国語でマスターしましょう。中国語の禁止表現で代表的なものに、以下の表現があります。

（请）别客气。(遠慮しないでください)
(Qǐng) Bié kèqi.

（请）不要走。(行かないでください)
(Qǐng) Bú yào zǒu.

你不能说话。(話してはいけません)
Nǐ bù néng shuōhuà.

你别走了！（行かないで）
Nǐ bié zǒule!

“别”と“不要”は、ほぼ同じように使えます。“不要”に若干かしこまったニュアンスがあるくらいです。「～しないでください」と言うときには、これらを使いましょう。文頭に“请”を置いて丁寧に言うこともできます。

また、“别”にはもう一つ用法があり、文末に“了”を置くと、今目の前で起きていることについて「～しないで」という表現になります。例文の“你别走了！”では、今まさに出て行こうとする人に対して「出て行かないで！」と懇願する様子が表現されています。

ほかによく使われるのは“不能”で、「～してはいけない」という強めの禁止を表します。もちろん、「～できない」という意味もあるので、文脈で判断していくことが求められます。

音声ファイル名 2_17N 2_17S

Normal

Slow

第17節 願望や予定を表す"想""打算"

自分の願望や予定を伝える表現を学び、スムーズなコミュニケーションにつなげましょう。

音読でマスター！

↗ → → → ↘

我想吃早饭。

Wǒ xiǎng chī zǎofàn.

↗ → ↘ ↗ ・

你想做什么？

Nǐ xiǎng zuò shénme?

→ ↘ → → → ↗ ↗

我不想喝乌龙茶。

Wǒ bùxiǎng hē wūlóngchá.

↗ → ・ ↘ →

你打算去哪儿？

Nǐ dǎsuan qù nǎr?

→ ↘ → ・ ↘ → ↗

我不打算去旅游。

Wǒ bù dǎsuan qù lǚyóu.

トレーニングしたら、印をつけましょう。

		1	2	3	4	5
テキストを見ながら	目で読む					
	声に出して読む					
テキストを見ないで	声に出して読む					
	シャドーイング					

朝ご飯を食べたいです。

想　～したい
xiǎng
早饭　朝ご飯
zǎofàn

あなたは何がしたいですか？

做　する、やる
zuò

ウーロン茶を飲みたくないです。

乌龙茶　ウーロン茶
wūlóngchá

どこに行くつもりですか？

打算　～するつもりだ
dǎsuan

旅行に行くつもりはありません。

旅游　旅行
lǚyóu

文法をマスター！

「したい」や「するつもり」は、主語＋助動詞“想”“打算”＋動詞＋目的語

自分の願望や予定を伝える際は、次のように文を作ります。

主語＋助動詞“想”“打算”＋動詞＋目的語

我**想**洗温泉。（温泉に入りたい）
Wŏ xiăng xĭ wēnquán.

我**打算**打扫房间。（部屋を掃除する予定だ）
Wŏ dăsuan dăsăo fángjiān.

否定はそれぞれ“不想”“不打算”を使います。中国語の語順は極めて合理的で、これら助動詞が始めに伝われば、相手は「ああ、何かを望んでいる（いない）のだな」と推測がつくようになっています。

自分のしたいことを中国語でどう表現するのかを調べて、「したいこと」や「しようとしていること」を発信できるよう、どんどん練習していきましょう。

会話文で確認

你想做什么？
Nĭ xiăng zuò shénme?
（あなたは何がしたいですか？）

我想去旅游。
Wŏ xiăng qù lǚyóu.
（私は旅行に行きたいです）

文房具の中国語をマスターしよう

身近な文房具の中国語を覚えましょう。

铅笔 qiānbǐ	鉛筆	自动铅笔 zìdòng qiānbǐ	シャープペンシル
圆珠笔 yuánzhūbǐ	ボールペン	签字笔 qiānzìbǐ	サインペン
摩磨擦 mómócā	フリクションボールペン	钢笔 gāngbǐ	万年筆
橡皮 xiàngpí	消しゴム	涂改液 túgǎi yè	修正液
笔盒 bǐhé	ペンケース	尺子 chǐzi	定規
剪刀 jiǎndāo	はさみ	美工刀 měigōngdāo	カッターナイフ
订书机 dìngshūjī	ホッチキス	固体胶棒 gùtǐ jiāobàng	スティックのり
书签 shūqiān	しおり	本子 běnzi	ノート
便利贴 biànlì tiē	付箋	纸胶带 zhǐjiāodài	マスキングテープ

音声ファイル名 2_18N 2_18S

Normal

Slow

第18節 連動文

「～して～する」というように１つの文に動詞がいくつか入る文のことを連動文と言います。語順が重要なのでしっかりマスターしましょう。

音読でマスター！

我想去留学。

Wŏ xiăng qù liúxué.

我们出去玩儿。

Wŏmen chūqu wánr.

我打算去新宿买东西。

Wŏ dăsuan qù Xīnsù măi dōngxi.

你骑自行车去吗?

Nĭ qí zìxíngchē qù ma?

你别站着吃东西。

Nĭ bié zhànzhe chī dōngxi.

トレーニングしたら、印をつけましょう。

		1	2	3	4	5
テキストを見ながら	目で読む					
	声に出して読む					
テキストを見ないで	声に出して読む					
	シャドーイング					

留学に行きたいです。

留学 留学する
liúxué

私たち、遊びに行きましょう。

出去 出ていく
chūqu
玩儿 遊ぶ
wánr

新宿で買い物をする予定です。

新宿 新宿
Xīnsù
东西 物
dōngxi

自転車で行きますか？

骑 （またがって）乗る
qí
自行车 自転車
zìxíngchē

立ったまま物を食べないでください。

别 ～しないでください
bié
站 立つ
zhàn
着 ～している ▶第39節
zhe

文法 をマスター！

動詞が複数入る文は、動作が起こる順に動詞を配置

「～しに行く」「～しに来る」という日本語は、サ変動詞に「行く」「来る」がついた形です。これを中国語で表すには、動作が起こる順番に並べる必要があります。

行く→食べる

去吃饭。　（ご飯を食べに行く）
Qù chī fàn.

「そこへ行ってからでないとご飯は食べられない」ので、“去”が先に来るのです。また、「～（交通手段）で行く」や「～したまま…する」などの表現も、中国語では同じ表現方法になります。

飛行機に乗る→行く

坐飞机去。　（飛行機で行く）
Zuò fēijī qù.

こちらも同じく、「飛行機に乗らないと行けない」ので、“坐飞机”というフレーズが先に来ています。予定を伝える際に頻出する表現ですので、繰り返し練習してみましょう。

中国人の名前（百家姓）をマスターしよう

中国の教育課程で子どもが字を学ぶための本、『百家姓』というものがあります。中国の代表的な姓を韻を踏んで並べたものです。ここから、はじめの24の姓を紹介します。現代の姓で多い順というわけではないのですが、こうして中国で字を学ぶというのは興味深いですね。

あなたの中国人の友人の苗字は何番目に出てくるでしょうか。全部で500以上ありますので、ここにないものはインターネットで探してみてくださいね。

赵	钱	孙	李,	趙 銭 孫 李,
Zhào	Qián	Sūn	Lǐ,	
周	吴	郑	王。	周 呉 鄭 王。
Zhōu	Wú	Zhèng	Wáng.	
冯	陈	褚	卫,	馮 陳 褚 衛,
Féng	Chén	Chǔ	Wèi,	
蒋	沈	韩	杨。	蒋 沈 韓 楊。
Jiǎng	Shěn	Hán	Yáng.	
朱	秦	尤	许,	朱 秦 尤 許,
Zhū	Qín	Yóu	Xǔ,	
何	吕	施	张。	何 呂 施 張。
Hé	Lǚ	Shī	Zhāng.	

音声ファイル名 2_19N 2_19S

第19節 動詞の重ね型、“～一下”

「ちょっと～する」という表現には2つのパターンがあります。意味はほとんど変わりません。

音読でマスター！

↝ ↘ ・

你看看。

Nǐ kànkan.

↘ ↝ ↘ ↗ ↘

让我看一下。

Ràng wǒ kànyíxià.

↝ ↗ ・ ↘ ・ ↘

你尝尝这个菜。

Nǐ chángchang zhè ge cài.

↝ → ↝ ↗ ↘

请稍等一下。

Qǐng shāoděng yíxià.

↘ ↝ ↗ ↝ ↗ ↗ ・ ・

上午我想学习学习。

Shàngwǔ wǒ xiǎng xuéxíxuexi.

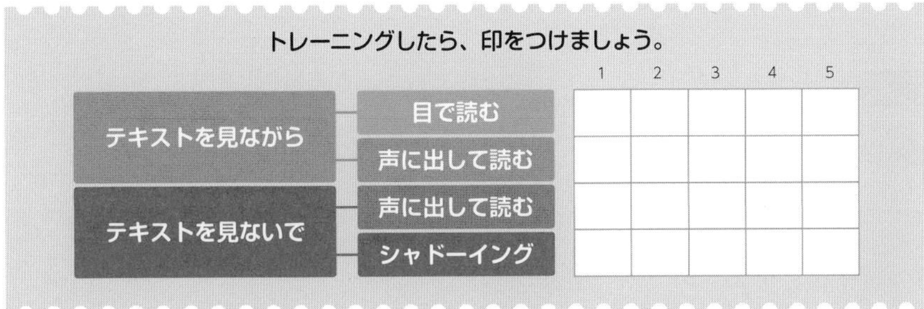

ちょっと見てください。	**看** 見る kàn
ちょっと見せてください。	**一下** ちょっと~する yíxià **让** ~させる ▶第40節 ràng
これ、少し味見してみてください。	**尝** 味わう、味見する cháng **菜** 料理 cài
少々お待ちください。	**请** どうぞ~してください qǐng **稍等** 少し待つ shāoděng
午前中、少し勉強したいです。	**上午** 午前中 shàngwǔ **学习** 勉強する xuéxí

文法をマスター！

試しに～する“VV”

動詞を重ねると「少し試してみる」というニュアンスを表します。

写写　（ちょっと書いてみる）
xiěxie

听听　（ちょっと聞いてみる）
tīngting

動作の量が少しである“V一下”

動詞の後に“一下”を置くと、「量的に少しする」というニュアンスを表せます。数量表現なので、動詞の後に置いていることを思い出してください。（→第11節）

写一下　（ちょっと書く）
xiě yíxià

听一下　（ちょっと聞く）
tīng yíxià

この2つの表現は、大きな意味の違いはありませんので基本的に同じように捉えてもかまいません。

色と形をマスターしよう

中国語で身の周りの色や形を表現しましょう。

红色 hóngsè	赤	白色 báisè	白
黑色 hēisè	黒	蓝色 lán sè	青
绿色 lǜsè	緑	黄色 huángsè	黄
紫色 zǐsè	紫	灰色 huīsè	灰
米色 mǐsè	ベージュ	橙色 chéngsè	オレンジ
粉红色 fěnhóngsè	ピンク	棕色 zōng sè	茶色
水色 shuǐ sè	水色	绿黄色 lǜhuáng sè	黄緑色
金色 jīn sè	金色	银色 yín sè	銀色
透明色 tòumíng sè	透明	圆形 yuán xíng	丸
四角形 sìjiǎo xíng	四角	三角形 sānjiǎo xíng	三角
水珠图案 shuǐ zhū tú'àn	水玉模様	条纹 tiáowén	ストライプ

音声ファイル名 2_20N 2_20S

第20節 様態補語

Normal

Slow

「～するのが…だ」と、物事の様子を示すための表現です。
いろいろな動詞を代入して練習しましょう。

音読でマスター！

你走得很快。
Nǐ zǒu de hěn kuài.

老师讲得不清楚。
Lǎoshī jiǎng de bù qīngchu.

我每天起得很早。
Wǒ měi tiān qǐ de hěn zǎo.

他说中文说得真好！
Tā shuō Zhōngwén shuō de zhēn hǎo!

她弹吉他弹得好吗？
Tā tán jítā tán de hǎo ma?

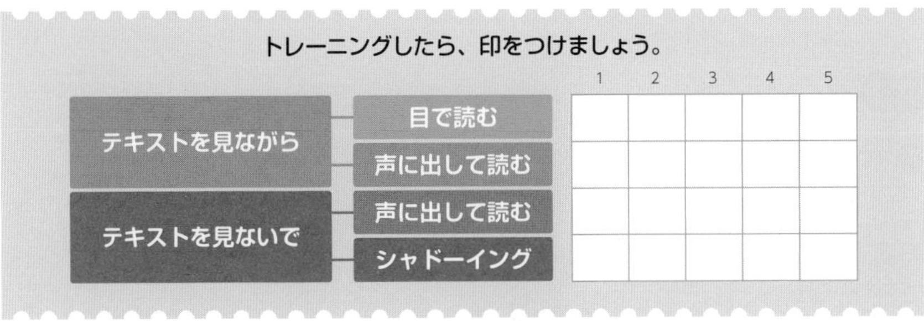

あなたは歩くのが速いです。	**得** ～するのが…だ de **快** 速い kuài
先生の話し方ははっきりしません。	**讲** 話す、語る jiǎng **清楚** はっきりしている qīngchu
私は毎朝早起きします。	**早** 早い zǎo
彼の中国語は本当に上手です！	**说** 話す、言う shuō **中文** 中国語 Zhōngwén
彼女はギターを弾くのが 上手ですか？	**吉他** ギター jítā

文法をマスター！

動作の様子を表現するのに用いる“得”

「中国語がうまい」「楽器の演奏が上手だ」など、動作について表現したいときには、次のように表現します。

動詞＋得＋形容詞

说 得 很慢。（話すのが遅い）
Shuō de hěn màn.

また、目的語が入る場合は「ピアノを弾く、上手に弾く」のように作っていきます。

動詞＋目的語＋動詞＋得＋形容詞

弹 钢琴 弹 得 很好。（ピアノを弾くのがとても上手だ）
Tán gāngqín tán de hěn hǎo.

～するのが…だ（話すのがはっきりしない、起きるのが早いなど）の形に訳すとわかりやすい

前ページの日本語訳に統一性が見られにくいかもしれませんが、上のように基本的な訳を当てはめて考えると理解しやすいでしょう。

スポーツの中国語名をマスターしよう

中国でさかんなスポーツやオリンピック競技となっているスポーツの、中国語での言い方を覚えましょう。

乒乓球 pīngpāngqiú	卓球	羽毛球 yǔmáoqiú	バドミントン
排球 páiqiú	バレーボール	足球 zúqiú	サッカー
手球 shǒuqiú	ハンドボール	网球 wǎngqiú	テニス
高尔夫球 gāo'ěrfūqiú	ゴルフ	射箭 shèjiàn	アーチェリー
三人篮球 sānrén lánqiú	三人制バスケットボール	花样游泳 huāyàng yóuyǒng	アーティスティックスイミング
举重 jǔzhòng	重量挙げ	皮划艇 píhuátǐng	カヤック
冲浪 chōnglàng	サーフィン	攀岩 pānyán	スポーツクライミング
滑板 huábǎn	スケートボード	铁人三项 tiěrén sānxiàng	トライアスロン
马术 mǎshù	乗馬	击剑 jījiàn	フェンシング
蹦床 bèngchuáng	トランポリン	柔道 róudào	柔道
棒球 bàngqiú	野球	体操 tǐcāo	体操
太极拳 tàijí quán	太極拳	马拉松 mǎlāsōng	マラソン

音声ファイル名 2_21N 2_21S

Normal

Slow

第21節 方向補語

「上っていく」「下りてくる」など、動作の方向を示すのに使う方向補語を学びましょう。

音読でマスター！

你过来。

Nǐ guòlai.

你坐下。

Nǐ zuòxia.

你出去！

Nǐ chūqu!

小吴走进去了。

XiǎoWú zǒujìnqu le.

我迷上你了。

Wǒ míshang nǐ le.

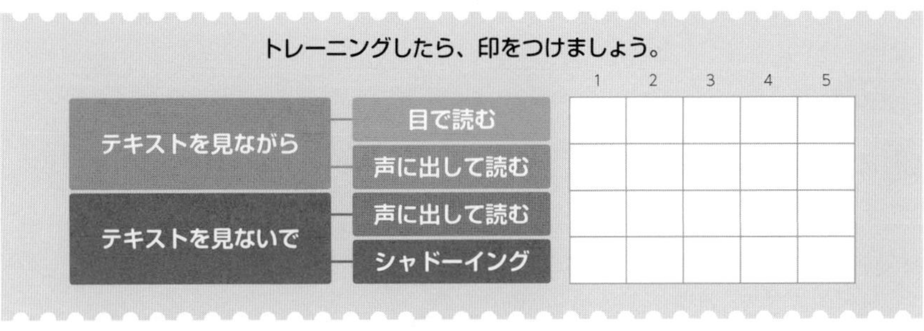

こちらへいらっしゃい。	**过**　(後ろに来/去を伴い) guò 移動して来る/行く
座りなさい。	**坐下**　(椅子に)かける、 zuòxia 腰を下ろす
出ていけ！	**出去**　出ていく chūqu
呉さんは歩いて入っていきました。	**小**　年下の人の姓につけて xiǎo 親しみを示す言葉 **吴**　呉（姓） Wú **走进去**　歩いて入っていく zǒujìnqu
あなたに恋しました。	**迷上**　恋をする míshang

文法 をマスター！

さまざまな動詞と“来”“去”の組み合わせで動作の方向を表現

単純方向補語

さまざまな動詞の後ろに、下表にある“来”“去”、または“上”から“起”までの動詞を置き、補語とします。「動作の方向が近寄ってくるか遠ざかっていくか」や「動作がどの方向へ向いていくのか」を表します。

また、単純方向補語はすべて軽声になります。

带**来**（持ってくる）
dài**lai**

买**回**（買って帰る）
mǎi**hui**

複合方向補語

下表“上”から“起”までの動詞と“来”“去”を組み合わせたものを動詞の後ろに置き、補語とします。より複雑な動作の方向を表すことができます。“来”“去”のみ、軽声になります。

走**进来**（歩いて入ってくる）
zǒu**jìnlai**

跑**出去**（走って出ていく）
pǎo**chūqu**

	上	下	进	出	回	过	起
来	**上来** 上がってくる	**下来** 下りてくる	**进来** 入ってくる	**出来** 出てくる	**回来** 戻ってくる	**过来** 近づいてくる	**起来** 起き上がる
去	**上去** 上がっていく	**下去** 下りていく	**进去** 入っていく	**出去** 出ていく	**回去** 戻っていく	**过去** 離れていく	なし

日本で有名な人物の名前をマスターしよう

知っている人物でも、中国語の音になるとかなり響きが変わります。音声を聞いて確認しましょう。

孔子 Kǒngzǐ	孔子	老子 Lǎozǐ	老子
庄子 Zhuāngzǐ	荘子	项羽 Xiàng Yǔ	項羽
刘邦 Liú Bāng	劉邦	曹操 Cáo Cāo	曹操
刘备 Liú Bèi	劉備	孙权 Sūn Quán	孫権
诸葛亮 Zhūgě Liàng	諸葛亮	岳飞 Yuè Fēi	岳飛
鲁迅 Lǔ Xùn	魯迅	老舍 Lǎo Shě	老舎
郭沫若 Guō Mòruò	郭沫若	毛泽东 Máo Zédōng	毛沢東
习近平 Xí Jìnpíng	習近平	马云 Mǎ Yún	ジャック・マー
姚明 Yáo Míng	ヤオ・ミン	李小龙 Lǐ Xiǎolóng	ジャッキー・チェン
章子怡 Zhāng Zǐyí	チャン・ツィイー	刘德华 Liú Déhuá	アンディ・ラウ

音声ファイル名 2_21N2 2_21S2

まとめて練習しましょう⑤

近況を知らせる

学んだ表現で近況を知らせ、尋ねる表現を学びましょう。

你好吗?

Nǐ hǎo ma?

我最近过得很好。

Wǒ zuìjìn guòde hěn hǎo.

离暑假还有五天。

Lí shǔjià háiyǒu wǔ tiān.

暑假你能回来吗?

Shǔjià nǐ néng huílai ma?

我们一起去看电影，好不好?

Wǒmen yìqǐ qù kàn diànyǐng, hǎobuhǎo?

那么，明天我再给你写写信。

Nàme, míngtiān wǒ zài gěi nǐ xiěxie xìn.

再见。

Zàijiàn.

元気ですか？	あいさつで覚えた“你好”に“吗？”を加えて、相手を気遣う表現にできます。
私はとても元気に過ごしています。	“过得很好”の“过”は、軽声ではなく第四声で読んで「過ごす」という意味です。ここは経験の“过”ではないので注意しましょう。
夏休みまであと5日ですね。	“离～还有…天”で「～まであと…日です」となります。期日や期限を表すのにとても便利に使えます。
夏休みに帰って来られますか？	“能～吗？”は、可能かどうか尋ねるのにとても便利な表現です。いろいろな動詞を中に入れて練習しましょう。
一緒に映画を観に行きませんか？	文の最後に“好不好？”をつけると、「いいですか？」と相手に尋ねることができます。“好吗？”でもかまいません。
では、明日またちょっとメールしますね。	“那么”は「それでは」というつなぎの言葉で、会話を締めくくるときや意見の提案にも使え、使用頻度の高い表現です。
ではまた。	

音声ファイル名 2_22N 2_22S

第22節 理由、手段を尋ねる“为什么”“怎么”

「なぜ」「どうして」の言い方をマスターしましょう。

音読でマスター！

↘ ↗ ・

为什么?

Wèi shénme?

→ ↘ ↗ ・ ↗ ↗ ↘

她为什么还没到?

Tā wèi shénme hái méi dào?

↗ ↝ ・ ↗ ↘ ・ ↝

你怎么没告诉我?

Nǐ zěnme méi gàosu wǒ?

↘ ・ ↘ ↝ ・ ↘

这个菜怎么做?

Zhège cài zěnme zuò?

↗ ↝ ・ ↘ → ↗

你怎么去仙台?

Nǐ zěnme qù Xiāntái?

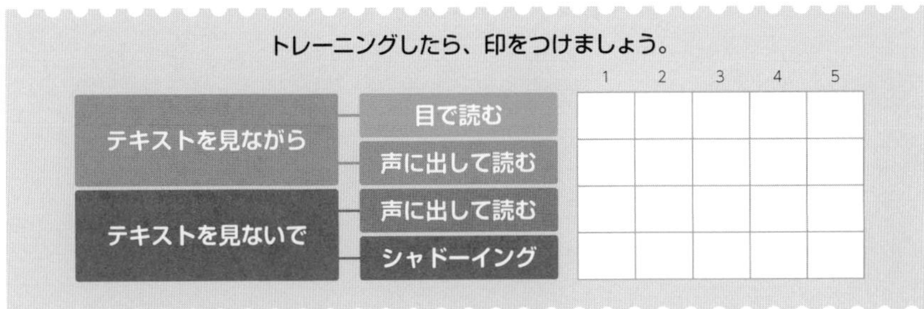

どうして？	**为什么** どうして wèi shénme
彼女はなぜまだ着いていないのですか？	**还** まだ hái **到** 到着する dào
どうして言ってくれなかったの？	**怎么** どうして zěnme **告诉** 教える gàosu
この料理はどうやって作りますか？	**菜** 料理 cài **怎么** どうやって zěnme
どうやって仙台へ行きますか？	**仙台** 仙台 Xiāntái

文法をマスター！

2つの「なぜ」を使い分け

中国語には、理由を問う表現が2つ用意されています。ともに、動詞の前に置きます。

● 为什么

原因を知りたい気持ちが強いときの表現で、単独でも文になります。こちらには、「どうやって」という手段を問う用法はありません。

理由

你**为什么**这样做？　（どうしてこんなふうにするのですか？）
Nǐ wèi shénme zhèyàng zuò?

● 怎么

驚いた気持ちや、感情が動いたときの「なぜ」という気持ちを表します。必ずしも相手からの答えを必要としません。また、「どうやって」という手段を聞く用法を持ちます。

理由・詰問

她**怎么**不来？　（どうして彼女は来ないのですか？）
Tā zěnme bù lái?

手段

到车站**怎么**走？　（駅までどうやって行きますか？）
Dào chēzhàn zěnme zǒu?

相手が“怎么”と言ったとき、どちらの用法か判断がつくように、しっかり意味を整理しておきましょう。

部屋の中の物をマスターしよう

身の周りの物を中国語で表現しましょう。

电视 diànshì	テレビ	桌子 zhuōzi	テーブル
椅子 yǐzi	椅子	沙发 shāfā	ソファ
支架 zhījià	ラック	书架 shūjià	本棚
日历 rìlì	カレンダー	风扇 fēngshàn	扇風機
火炉 huǒlú	ストーブ	空调 kōngtiáo	エアコン
冰箱 bīngxiāng	冷蔵庫	微波炉 wēibōlú	電子レンジ
电饭锅 diànfànguō	炊飯器	电灯 diàndēng	電灯
手电筒 shǒudiàntǒng	懐中電灯	充电器 chōngdiànqì	充電器
地毯 dìtǎn	絨毯	垃圾桶 lājītǒng	ゴミ箱
柜台 guìtái	カウンター	观叶植物 guānyè zhíwù	観葉植物

音声ファイル名 2_23N 2_23S

Normal

Slow

第23節 結果補語

中国語は動詞の後に結果を表す表現をよく置きます。そこで使われる結果補語について学びましょう。

音読 でマスター！

你听懂了吗?

Nǐ tīngdǒng le ma?

我没听懂。

Wǒ méi tīngdǒng.

我打错了。

Wǒ dǎcuò le.

终于买到了那本书。

Zhōngyú mǎidàole nà běn shū.

我听见了他说的话。

Wǒ tīngjiànle tā shuō de huà.

トレーニングしたら、印をつけましょう。

		1	2	3	4	5
テキストを見ながら	目で読む					
	声に出して読む					
テキストを見ないで	声に出して読む					
	シャドーイング					

聞き取れましたか？

听 聞く
tīng
懂 わかる
dǒng

聞き取れませんでした。

没听懂 聞き取れなかった
méi tīngdǒng

（電話を）かけ間違えました。

错 間違える
cuò

ついにあの本を手に入れました。

终于 ついに
zhōngyú
到 動詞の後に置いて、動作の達成、到達を示す補語
dào

彼の話が耳に入りました。

见 動詞の後に置いて、目に入る、耳に入るなど、自発的でない情報の取得を示す補語
jiàn

文法をマスター！

動詞の後に置かれて動作の結果を示す結果補語

私たちはふだん、多くの動詞、たとえば「聞く」という動詞について、さまざまな表現を加えてコミュニケーションを進めています。「聞き取る」「聞き逃す」「聞き間違える」など、後ろに動詞をつけることで「聞く」という動詞にさらなる意味を付加していくわけです。

似たことが中国語でも可能です。中国語は動詞の後ろに補語となる動詞を置くことでそれを実現します。

听**错** tīng**cuò**	聞く＋**間違える**→ 聞き間違える
坐**过** zuò**guò**	乗る＋**過ごす**→ 乗り過ごす

結果補語は文字通り、一文字目の動詞についてどうなったか、「結果」を表すものです。ですから、否定をするときには“不”ではなく“没”を使うようにしましょう（60ページ）。

× 不听错 bù tīngcuò	
○**没**听错 méi tīngcuò	**否定**＋聞く＋間違える → 聞き間違えない

中国の祝日

中国の祝日を紹介しましょう。日本と同じものも、少し違うものもあります。

＊固定祝日

元旦 Yuándàn　**元旦（1月1日）**

新たな一年の始まりです。

劳动节 Láodòngjié　**労働節（5月1日）**

メーデー。社会に貢献した労働者を称えます。文化やスポーツのイベントが盛大に行われ、北京の人民大会堂でも催しが行われます。

国庆节 Guóqìngjié　**国慶節（10月1日）**

1949年10月1日に中華人民共和国の建国が毛沢東により宣言されました。毎年この日を中心に大型連休となり、国内外の旅行が盛んになります。

＊移動祝日（太陰暦に合わせて毎年移動）

春节 Chūnjié　**春節（旧暦正月）**

旧暦の1月1日を祝う日。1週間ほど、中国全体がお祭りムードになり、世界中のチャイナタウンでもさまざまなイベントが催されます。

清明节 Qīngmíngjié　**清明節（清明の日）**

日本でいうところのお彼岸。4月上旬になることが多く、人々はお墓参り（扫墓）をしたり、宴会を開いたりします。2007年以降、3連休になることが多いようです。

端午节 Duānwǔjié　**端午節（旧暦5月5日）**

戦国時代の詩人、屈原が汨羅に身を投げたのを記念する日。人々は屈原の遺体が魚に食べられないようにちまきを投げ入れたとされ、それにちなんで現在でもこの日にちまきを食べます。

中秋节 Zhōngqiūjié　**中秋節（旧暦8月15日）**

中秋の名月を鑑賞する日。月餅を友人に配る習慣があります。

音声ファイル名 2_24N 2_24S

第24節 可能補語

Normal

Slow

先に学んだ結果補語に可能補語と呼ばれる表現を＋αすることで、可能表現の幅を広げましょう。

音読でマスター！

→ → ・ ↗ → → → ・ ↘ ・

你听得懂老师说的话吗？

Nǐ tīngdedǒng lǎoshī shuō de huà ma?

↘ ・ → ・ ↘ → → ・ →

这么多的菜我吃不了。

Zhème duō de cài wǒ chībuliǎo.

→ → → ↘ ↘ ↗ ↗ ・ ・

今天工作太忙，回不来。

Jīntiān gōngzuò tài máng, huíbulai.

→ ↘ ・ ↗ →

我对不起你。

Wǒ duìbuqǐ nǐ.

↗ → ・ ↘ → ↘ ・ ↗

我想得太多睡不着。

Wǒ xiǎng de tài duō shuìbuzháo.

トレーニングしたら、印をつけましょう。

		1	2	3	4	5
テキストを見ながら	目で読む					
	声に出して読む					
テキストを見ないで	声に出して読む					
	シャドーイング					

先生の話を聞き取れますか？

听得懂　聞き取れる
tīngdedǒng
话　話
huà

こんなに多くの料理、
私は食べきれません。

这么　こんなにも
zhème
吃不了　食べきれない
chībuliǎo

今日は仕事が忙しいので、
帰れません。

回不来　帰れない
huíbulai

あなたに顔向けできません。

对不起　顔向けできない
duìbuqǐ

私は考えすぎて眠れません。

想　思う、考える
xiǎng
睡不着　寝付けない
shuìbuzháo

文法 をマスター！

どういう理由で「できる／できない」のかを示す可能補語

可能補語は、結果補語と方向補語の前に“得”か“不”を置いて、可能／不可能を示す表現です。疑問文では肯定形「～できますか？」もよく使われますが、平叙文では否定形「～できません」を使うことが多いです。

また、以下の2つについては“得／不”を抜いた結果補語や方向補語で使うことはあまりないですが、可能補語では重要な表現です。

● **V不起**（道義的、経済的に～できない）

买不起　（高すぎて買えない）
吃不起　（高すぎて食べられない）
对不起　（申し訳なくて顔向けできない）

● **V不了**（～しきれない、～できない）

做不了　（やりきれない）
去不了　（行けない）

可能の助動詞との違い

可能の助動詞“能”や“可以”は、一般的に「ルールとして」できる／できないを表します。また、「～できる」可能表現における肯定形の場合にも、“能”を使うことが多いです。

目的語の位置

可能補語を含む動詞を1つの動詞と考えて、補語の後ろに目的語を置きます。また、文頭に持ってくることもできます。

我**吃不了**这么辣的菜。　（こんなに辛い料理は食べきれない）
Wǒ chībuliǎo zhème là de cài.

这么辣的菜，我**吃不了**。　（こんなに辛い料理は食べきれない）
Zhème là de cài, wǒ chībuliǎo.

可能補語をマスターしよう

“吃”を例に、可能補語のさまざまなニュアンスをマスターしましょう。

吃得了／吃不了 chī de liǎo／chī bu liǎo	（量的に）食べられる／食べられない
吃得上／吃不上 chī de shàng／chī bu shàng	（時間の問題で）食べられる／食べられない
吃得下／吃不下 chī de xià／chī bu xià	喉を通る／通らない
吃得起／吃不起 chī de qǐ／chī bu qǐ	（経済的に）食べられる／食べられない
吃得完／吃不完 chī de wán／chī bu wán	食べきれる／食べきれない
吃得饱／吃不饱 chī de bǎo／chī bu bǎo	満腹になれる／なれない

＊否定形でよく使われる可能補語の中で、特に否定をよく使うもの

吃不得 chī bu de	（食べ物が悪くなって）食べられない
吃不惯 chī bu guàn	食べ慣れない
吃不到 chī bu dào	食にありつけない

音声ファイル名 2_25N 2_25S

第25節 介詞② "和" "跟"

「～と」を表す介詞をマスターしましょう。

音読でマスター！

高桥和伊藤都是留学生。

Gāoqiáo hé Yīténg dōu shì liúxuéshēng.

我和你一块儿去。

Wǒ hé nǐ yíkuàir qù.

我家有爸爸、妈妈、一个弟弟和我。

Wǒ jiā yǒu bàba, māma, yí ge dìdi hé wǒ.

我想跟他商量一下。

Wǒ xiǎng gēn tā shāngliang yíxià.

明天你跟谁一起去买东西？

Míngtiān nǐ gēn shéi yìqǐ qù mǎi dōngxi?

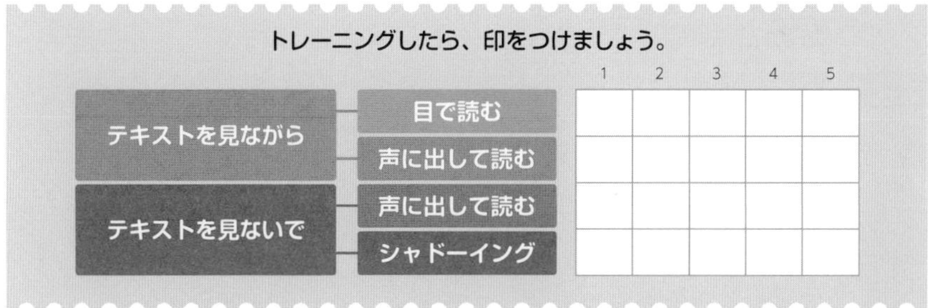

高橋さんと伊藤さんはともに留学生です。	**高桥** 高橋（人名） Gāoqiáo **和** ～と hé **留学生** 留学生 liúxuéshēng
私はあなたと一緒に行きます。	**一块儿** 一緒に yíkuàir
家には父、母、１人の弟と私がいます。	**爸爸** 父 bàba **妈妈** 母 māma **弟弟** 弟 dìdi
彼と少し相談したいです。	**跟** ～と gēn **商量** 相談する shāngliang
明日、誰と一緒に買い物に行くのですか？	**谁** 誰 shéi **一起** 一緒に yìqǐ **买东西** 買い物をする mǎi dōngxi

文法 をマスター！

「～と」を表す２つの表現の違いを整理

“和”、“跟” ともに「～と」を表す介詞ですが、守備範囲が微妙に異なります。

● “和”…① 「A、B、とC」

“A、B、和C” のように、並列した最後の言葉の前に置き「、」を表します。この場合は「～と」を表すものの、介詞ではなく接続詞です。また並列のとき、読点は “,” ではなく “、” を用いるので注意してください。

我喜欢踢足球**、**游泳**、和**打网球。
Wǒ xǐhuan tī zúqiú、yóuyǒng、hé dǎ wǎngqiú.
（私はサッカー、水泳、テニスが好きだ）

● “和”…② 「～と…する」

“A和B+（一起）動詞” の形で、AとBがともに動作を行うさまを表します。

我**和**你一起去散步。
Wǒ hé nǐ yìqǐ qù sànbù.
（あなたと一緒に散歩しに行く）

● “跟”…「～と…する」

“A跟B+（一起）動詞” の形で、AとBがともに動作を行うさまを表します。“和” より、口語的です。

你**跟**她已经分手了吗?
Nǐ gēn tā yǐjīng fēnshǒu le ma?
（彼女ともう別れたのですか？）
※已经 yǐjīng　すでに、もう　　分手 fēnshǒu　別れる

スマホ用語をマスターしよう①

スマートフォンの操作で頻出する表現や代表的なアプリの名称をマスターしましょう。

中国語	意味	中国語	意味
智能手机 zhìnéng shǒujī	スマートフォン	设置 shèzhì	設定
密码 mìmǎ	パスワード	隐私 yǐnsī	プライバシー
信息 xìnxī	情報	点击 diǎnjī	タップ、クリック
键盘 jiànpán	キーボード	字体 zìtǐ	フォント
蓝牙 Lányá	Bluetooth	墙纸 qiángzhǐ	壁紙
邮件 yóujiàn	メール	微博 Wēibó	ウェイボー
地图 dìtú	マップ	照片 zhàopiàn	写真
社交网络 shèjiāo wǎngluò	SNS	推特 Tuītè	Twitter
脸书 Liǎnshū	Facebook	微信 Wēixìn	WeChat
抖音 Dǒuyīn	TikTok	赞 zàn	いいね

音声ファイル名 2_26N 2_26S

Normal

Slow

第26節 介詞③ “在”“给”

場所を導く“在”、動作の対象を導く“给”の用法をマスターしましょう。

音読でマスター！

我在日本学习汉语。
Wǒ zài Rìběn xuéxí Hànyǔ.

我们在哪儿见面？
Wǒmen zài nǎr jiànmiàn?

他在银行工作。
Tā zài yínháng gōngzuò.

给我看一下。
Gěi wǒ kàn yíxià.

老师给我们介绍了中国的情况。
Lǎoshī gěi wǒmen jièshàole Zhōngguó de qíngkuàng.

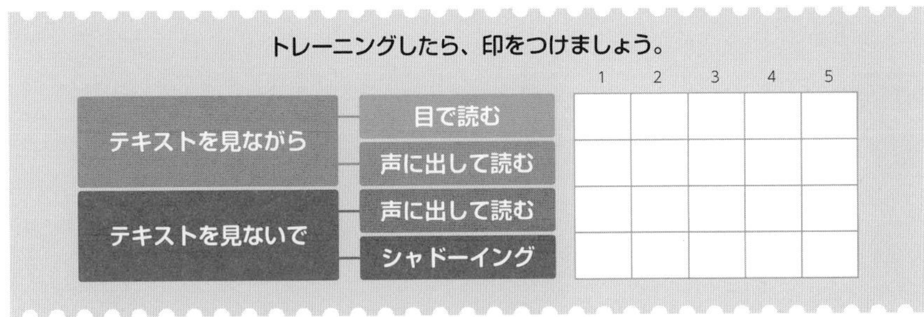

私は日本で中国語を学んでいます。	**在**　～で zài
私たちはどこで会いますか？	**见面**　会う jiànmiàn
彼は銀行で働いています。	**银行**　銀行 yínháng
ちょっと（私に）見せてください。	**给**　～に gěi
先生は私たちに中国の状況を 紹介してくれました。	**介绍**　紹介する、説明する jièshào **情况**　状況 qíngkuàng

文法をマスター！

「〜で…する」、「〜に…する」の言い方をマスター

ともに、最もよく使われる介詞です。意味と語順を押さえてどんどん使っていきましょう。

"在"…「〜で…する」

在＋時間／場所＋動詞

我**在**这一年学到了很多东西。
Wǒ zài zhè yì nián xuédàole hěn duō dōngxi.
（この一年で多くのことを学んだ）

我**在**食堂吃饭。
Wǒ zài shítáng chī fàn.
（私は食堂でご飯を食べる）

※这一年 zhè yì nián（この１年）　食堂 shítáng（食堂）

"给"…「〜に…する」

给＋動作を受ける人／物＋動詞

我**给**你写信。
Wǒ gěi nǐ xiě xìn.
（あなたに手紙を書く）

你打算**给**谁买礼物？
Nǐ dǎsuan gěi shéi mǎi lǐwù?
（誰にプレゼントを買うつもりですか？）

介詞をいくつか学ぶ中で、動詞が文の後ろの方に置かれる感覚に慣れていきましょう。また、介詞の位置は常に一定ですから、音読を繰り返すことで文法を身体に入れていくよう意識しましょう。

コラム

介詞について

介詞は、動詞が虚化（意味を抽象化）して前置詞の働きをするようになったものですから、ほぼすべての介詞が動詞としても使われています。いくつかの例を挙げます。

	介詞	動詞
从	～から	従う、後について行く
到	～まで	到る
在	～で	～にいる、～にある
给	～に	与える

何となく、元々の動詞の意味を残していることに気がつきますか。

中国語の語順は、主語＋動詞＋目的語が原則ですが、介詞を使う文になると主語と動詞の間に介詞のフレーズが入り込んできます。ただ、これは日本語の感覚と近いのでむしろ私たちにとってわかりやすいと思います。さまざまな介詞を学び、動作の対象を明確に表現していくようにしましょう。

主語 動詞 目的語

我吃饭。 （私はご飯を食べます）

Wǒ chīfàn.

主語 介詞のフレーズ（介詞＋対象） 動詞 目的語

我在餐厅吃饭。 （私はレストランでご飯を食べます）

Wǒ zài cāntīng chīfàn.

※餐厅 cāntīng（レストラン）

音声ファイル名 2_27N 2_27S

第27節 必要、義務を表す助動詞

Normal

Slow

「～しなければならない」を示すいくつかの助動詞をマスターしましょう。

音読でマスター！

我要去医院。

Wǒ yào qù yīyuàn.

你不用去那儿。

Nǐ bú yòng qù nàr.

我该走了。

Wǒ gāi zǒu le.

我马上就得走。

Wǒ mǎshang jiù děi zǒu.

我们应该好好儿学习。

Wǒmen yīnggāi hǎohāor xuéxí.

トレーニングしたら、印をつけましょう。

		1	2	3	4	5
テキストを見ながら	目で読む					
	声に出して読む					
テキストを見ないで	声に出して読む					
	シャドーイング					

病院に行く必要があります。	**要** ～する必要がある yào **医院** 病院 yīyuàn
あなたはそこへ行く必要がありません。	**不用** ～する必要がない bú yòng
もう行かなくてはなりません。	**该** ～すべきである gāi
すぐに出なくてはいけません。	**马上** すぐに mǎshàng **就** すぐに（马上と重ねて強調） jiù **得** ～しなければならない děi
私たちはしっかり勉強すべきです。	**应该** ～すべきである yīnggāi **好好儿** しっかり hǎohāor

文法 をマスター！

さまざまな必要性、義務の表現をマスター

「〜しなければならない」や「〜すべきだ」の言い方はニュアンスによっていくつかあります。覚えやすいものから整理してマスターしましょう。

● "要"…「〜する必要がある」「〜したい」

必要性を表すとともに、第17節で学んだ"想"より強いニュアンスで「〜したい」を表します。

饭前要洗手。　（ご飯の前に手を洗わなくてはいけない）
Fàn qián yào xǐ shǒu.

● "得"…「〜する必要がある」「〜しなければならない」

口語表現でよく使われます。"要"と同じくらいの必要度ととらえておきましょう。

我得回去了。　（私は帰らなくてはいけない）
Wǒ děi huíqu le.

● "应该"…「（ルールとして、立場として）〜すべきである」

比較的強い表現で、スローガンなどの書き言葉やかしこまったシーンで使われることが多いです。

学生们应该认真学习。　（学生は真面目に勉強すべきだ）
Xuéshengmen yīnggāi rènzhēn xuéxí.

● "该"…「〜すべきである」「〜すべきである」

"应该"より口語的な表現です。動詞として使い、「〜の番だ」という意味を示すこともあります。

该你了。　（あなたの番ですよ）
Gāi nǐ le.

乗り物の中国語をマスターしよう

乗り物に関する表現を覚えましょう。

交通工具 jiāotōng gōngjù	乗り物、交通手段	汽车 qìchē	自動車
摩托车 mótuōchē	バイク	卡车 kǎchē	トラック
自行车 zìxíngchē	自転車	电动自行车 diàndòng zìxíngchē	電動自転車
飞机 fēijī	飛行機	直升机 zhíshēngjī	ヘリコプター
巴士／公共汽车 bāshi/gōnggòng qìchē	バス	面包车 miànbāochē	マイクロバス
出租车 chūzūchē	タクシー	电车 diànchē	電車
单轨电车 dānguǐ diànchē	モノレール	新干线 xīngànxiàn	新幹線
高铁 gāotiě	高速鉄道	磁浮列车 cífú lièchē	リニアモーターカー
地铁 dìtiě	地下鉄	救护车 jiùhùchē	救急車
消防车 xiāofángchē	消防車	警车 jǐngchē	パトカー
过山车 guòshānchē	ジェットコースター	摩天轮 mótiān lún	観覧車
自动扶梯 zìdòng fútī	エスカレーター	电梯 diàntī	エレベーター

音声ファイル名 2_28N 2_28S

Normal

Slow

第28節 「～したのです」を表す“是～的”

過去に起きたことの時間、場所、人物などを強調する表現をマスターしましょう。

音読でマスター！

→↘↘↗↘・

我是去年去的。

Wǒ shì qùnián qù de.

→↘↗↘→↗・

我是从日本来的。

Wǒ shì cóng Rìběn lái de.

↘↘→↗→・

那是小明说的。

Nà shì Xiǎo Míng shuō de.

→↘↘→↘↘↗・

他是坐新干线来的。

Tā shì zuò xīngànxiàn lái de.

→↘↘↗・↗・

你是为什么来的?

Nǐ shì wèi shénme lái de?

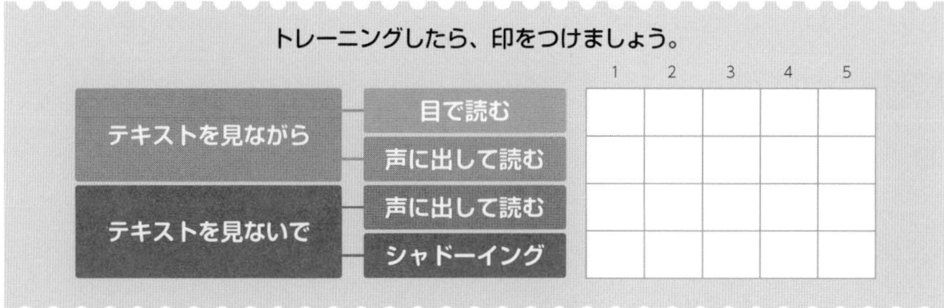

私は去年行ったのです。

是～的　～したのです
shì～de
去年　去年
qùnián

私は日本から来たのです。

从　～から
cóng
日本　日本
Rìběn

それは明くんが言ったのです。

小明　明くん
Xiǎo Míng

彼は新幹線で来たのです。

新干线　新幹線
xīngànxiàn

あなたはなぜ来たのですか？

为什么　なぜ
wèi shénme

文法をマスター！

「～したのです」に対応する表現をマスター

日本語で「（他の選択肢ではなく）～したのです」と言うとき、過去に起きた以下の項目が強調されています。

時間…私は「去年」行ったのです。
場所…私は「日本」から来たのです。
人物…それは「明さん」が言ったのです。
手段…彼は「新幹線で」来たのです。
目的…あなたは「なぜ」来たのですか？

これに対応するのがこの構文で、「是～的」構文と呼ばれています。文をつくり、主語のあとに「是」を、文末に「的」を置きます。

主語＋**是**＋（時間／場所／人物／手段／目的）＋**的**。

我 **是** 在日本学汉语 **的**。
Wǒ shì zài Rìběn xué Hànyǔ de.
（私は日本で中国語を学んだのです）

※“是”は省略することもできます。省略しても意味は変わりません。

否定文の場合は“不是～的”です。

我 **不是** 从美国来 **的**。
Wǒ bú shì cóng Měiguó lái de.
（私はアメリカから来たのではありません）

日用品の中国語をマスターしよう

毎日使うものを中国語で表現しましょう。

牙刷 yáshuā	歯ブラシ	牙膏 yágāo	歯磨き粉
肥皂 féizào	石鹸	香波／洗发水 xiāngbō／xǐfàshuǐ	シャンプー
润丝 rùnsī	リンス	洗面乳 xǐmiànrǔ	洗顔料
沐浴液 mùyùyè	ボディソープ	发刷 fàshuā	ヘアブラシ
发蜡 fàlà	ヘアワックス	发油 fàyóu	ヘアオイル
剃须刀 tìxūdāo	剃刀	剃须膏 tìxūgāo	シェービングフォーム
口红 kǒuhóng	口紅	粉底 fěndǐ	ファンデーション
睫毛膏 jiémáogāo	マスカラ	香水 xiāngshuǐ	香水
眼药水 yǎnyàoshuǐ	目薬	润唇膏 rùnchúngāo	リップクリーム
护手霜 hùshǒushuāng	ハンドクリーム	喉咙糖 hóulóngtáng	のど飴
口罩 kǒuzhào	マスク	创可贴 chuāngkětiē	絆創膏

音声ファイル名 2_28N2 2_28S2

Normal 

Slow 

まとめて練習しましょう⑥

電話で約束する

喂，你好。我是中岛。
Wéi, nǐ hǎo. Wǒ shì Zhōngdǎo.

你好，不知道为什么你的声音听不清楚。
Nǐ hǎo, bù zhīdào wèi shénme nǐ de shēngyīn tīng bu qīngchu.

这样可以吗？
Zhèyàng kěyǐ ma?

听清楚了。有什么事儿吗？
Tīng qīngchu le. Yǒu shénme shìr ma?

我想跟你见面。什么时候有空儿？
Wǒ xiǎng gēn nǐ jiànmiàn. Shénme shíhou yǒu kòngr?

这几天没问题，不用上班呢。
Zhè jǐ tiān méi wèntí, bú yòng shàng bān ne.

もしもし、こんにちは。 中島です。	電話で中国語を聞き取るのは、難しいと思えるかもしれません。まず、“喂，你好！”と挨拶だけでもできるようにしましょう。「もしもし」は“喂”を使いましょう。
こんにちは。 なぜだか電話が遠いようです。	「なぜだかわからないが」というニュアンスは“不知道为什么”です。クッションの表現として便利です。“声音听不清楚（音がよく聞こえない）”には可能補語が使われています。
これなら平気ですか？	相手の申し出に応えたあと、確認するのに使える表現です。
よく聞こえます。何か用ですか？	日本語だと少しきつく聞こえるかもしれませんが、“有什么事儿吗？”は頻繁に使われます。フレーズで覚えましょう。
あなたに会いたいのですが、 いつお時間ありますか？	“什么时候有空儿？”もそのままフレーズとして覚えておくとよいでしょう。
ここ数日は大丈夫です。 出社する必要がないので。	「する必要がない」の表現、“不用”を忘れずに。電話を切るときは、“再见”や“过一会儿见（また後で）”と言って終わらせればOKです。

音声ファイル名 2_29N 2_29S

Normal

Slow

第29節 買い物の表現

買い物で必要な、値段を聞いたりちょっとした交渉をしたりする表現を学びましょう。

音読でマスター！

→ ・ ↗

多少钱?

Duōshao qián?

↗ → ↘ ↗ ・

十五块一个。

Shíwŭ kuài yí ge.

↘ ↘ ・

太贵了！

Tài guì le!

↗ ・ ↗ ↘ ↗ ・ ↘ →

能不能再便宜一点儿?

Néng bunéng zài piányi yìdiănr?

→ ↗ → ↘ ・

好，我买这个。

Hăo, wŏ măi zhège.

トレーニングしたら、印をつけましょう。

		1	2	3	4	5
テキストを見ながら	目で読む					
	声に出して読む					
テキストを見ないで	声に出して読む					
	シャドーイング					

いくらですか？	**多少** どれくらい duōshao **多少钱?** いくらですか? Duōshao qián?
1つ15元です。	**块** 元 kuài
高すぎます！	**太～了** ～すぎる tài le
少し安くしてくれませんか？	**再** さらに、また zài **便宜** 安い piányi **一点儿** 少し ▶第32節 yìdiǎnr
わかりました。これを買います。	**好** わかりました hǎo **买** 買う mǎi

文法をマスター！

買い物で必要になる表現をマスター

お金の数え方

中国語では、お金の数え方が口語と書面語とで異なります。

書面語	元　yuán	角　jiǎo	分　fēn
口語	块　kuài	毛　máo	分　fēn

※１元＝約15円相当。元→角→分の順に10分の１ずつ小さくなっていきます。現在、“分”はほとんど使われなくなりました。

これまでは、紙幣や硬貨で支払うことがほとんどでしたが、キャッシュレス決済大国である中国では、小さな個人商店でもキャッシュレス決済（WeChat Payやアリペイなど）することが当たり前となっていて、現金で決済することはほとんどなくなっています。

値段の表現

「１ついくら」について、中国語では次のように表現し、日本語とは数量表現を置く位置が逆になります。

～ 块一个。
～kuài yí ge.

また、はじめに提示された額が高いと感じる場合、素直に高いと言って値切りながら買うのも中国における買い物の醍醐味でもあります。

飲み物の中国語をマスターしよう

さまざまな飲み物の言い方を覚えましょう。

乌龙茶 wūlóngchá	ウーロン茶	普洱茶 Pǔ'ěrchá	プーアル茶
龙井茶 lóngjǐngchá	ロンジン茶	红茶 hóngchá	紅茶
咖啡 kāfēi	コーヒー	美式咖啡 měishì kāfēi	アメリカンコーヒー
综合咖啡 zōnghé kāfēi	ブレンドコーヒー	拿铁 nátiě	カフェラテ
摩卡 mókǎ	カフェモカ	牛奶 niúnǎi	牛乳
可口可乐 Kěkǒu kělè	コカ・コーラ	百事可乐 Bǎishì kělè	ペプシコーラ
雪碧 Xuěbì	スプライト	苹果汁 píngguǒzhī	リンゴジュース
橙汁 chéngzhī	オレンジジュース	啤酒 píjiǔ	ビール
葡萄酒 pútaojiǔ	ワイン	香槟酒 xiāngbīnjiǔ	シャンパン
鸡尾酒 jīwěijiǔ	カクテル	白酒 báijiǔ	白酒

音声ファイル名 2_30N 2_30S

Normal

第30節 副詞の使い方

Slow

動詞や形容詞の前に置かれて文を安定させる副詞をマスターしましょう。

音読でマスター！

他也是大学生。

Tā yě shì dàxuéshēng.

她们都是高中生。

Tāmen dōu shì gāozhōngshēng.

他们也都是公司职员。

Tāmen yě dōu shì gōngsī zhíyuán.

我们都不是美国人。

Wǒmen dōu bú shì Měiguórén.

我们不都是警察。

Wǒmen bù dōu shì jǐngchá.

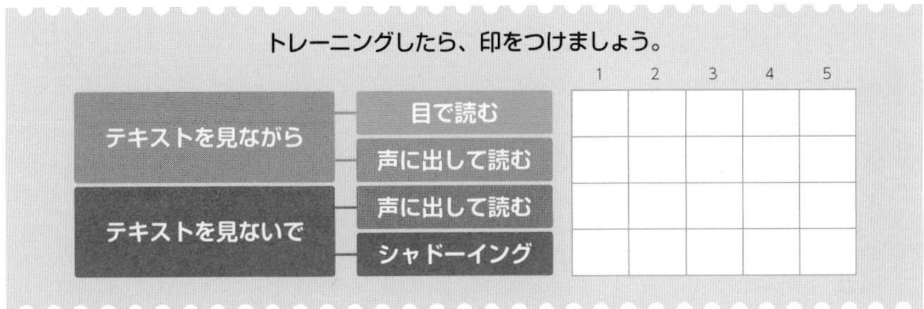

彼も大学生です。	**也**　～も yě
彼女らはみな高校生です。	**她们**　彼女ら tāmen **都**　～はみな dōu **高中生**　高校生 gāozhōngshēng
彼らもみな会社員です。	**公司职员**　会社員 gōngsī zhíyuán
我々はみなアメリカ人ではありません。	**都不是**　みな～ではない dōu bú shì **美国人**　アメリカ人 Měiguórén
私たち全員が警察官というわけではありません。	**不都是**　みなが～というわけではない bù dōu shì **警察**　警察、警察官 jǐngchá

文法をマスター！

副詞を置く位置と付加されるニュアンスをマスター

副詞は、動詞や形容詞の前に置かれ、さまざまなニュアンスを付加します。代表的なものには、“都”や“也”、“不”や“很”などがあります。よく使われるものを整理しましょう。

“不”………～ではない
“也”………～も
“都”………～はみな
“很”………とても～
“非常”……非常に～
“比较”……比較的、かなり～
“一起”……一緒に～
“已经”……すでに～
“有点儿”…少し～

○部分否定と全部否定

「すべて～というわけではない」場合は部分否定で、「すべて～ではない」場合は全部否定で、副詞の位置によって否定のニュアンスを調整します。

● 部分否定（不都是～）

他们不都是学生。（彼らはすべて学生というわけではない）
Tāmen bù dōu shì xuésheng.

● 全部否定（都不是～）

他们都不是学生。（彼らはみな学生ではない）
Tāmen dōu bú shì xuésheng.

十二支の中国語をマスターしよう

さまざまな動物の中国語の言い方をマスターしましょう。

鼠 shǔ	ね	牛 niú	うし	虎 hǔ	とら
兔 tù	う	龙 lóng	たつ	蛇 shé	み
马 mǎ	うま	羊 yáng	ひつじ	猴 hóu	さる
鸡 jī	とり	狗 gǒu	いぬ	猪 zhū	い

中国では、干支で互いの年齢確認をすることがあります。

会話文で確認

你属什么?
Nǐ shǔ shénme?
(あなたの干支は何ですか？)

我属猴。
Wǒ shǔ hóu.
(さる年です)

我也属猴。
Wǒ yě shǔ hóu.
(私もさる年です)

音声ファイル名 2_31N 2_31S

第31節 比較の表現

Normal

Slow

「～より…だ」という比較の表現をマスターしましょう。

音読でマスター！

今天比昨天凉快。

Jīntiān bǐ zuótiān liángkuai.

今天没有昨天热。

Jīntiān méiyǒu zuótiān rè.

我比你大一岁。

Wǒ bǐ nǐ dà yí suì.

哥哥比我高五厘米。

Gēge bǐ wǒ gāo wǔ límǐ.

这台电脑比那台（电脑）好用。

Zhè tái diànnǎo bǐ nà tái (diànnǎo) hǎoyòng.

トレーニングしたら、印をつけましょう。

		1	2	3	4	5
テキストを見ながら	目で読む					
	声に出して読む					
テキストを見ないで	声に出して読む					
	シャドーイング					

今日は昨日より涼しいです。

凉快　涼しい
liángkuai

今日は昨日より暑くないです。

没有　～ほど…でない
méiyǒu
热　暑い
rè

私はあなたより１歳上です。

大　歳が上である
dà
岁　歳
suì

兄は私より５センチメートル
高いです。

厘米　センチメートル
límǐ

このパソコンはあちら（のパソコン）
より使いやすいです。

台　台（量詞）
tái
好用　使いやすい
hǎoyòng

文法 をマスター！

比較の表現方法をマスター

「AはBより～だ」を、中国語では次の形で表します。

A＋比＋B＋**形容詞**（＋差）

这个比那个**贵**（100块）。
Zhège bǐ nàge guì (yì bǎi kuài).
（これはあれより（100元）高い）

差を具体的に言うときには最後に置きますが、言う必要のないときには置かなくてもかまいません。

否定のときには、“比”の位置に“没有”を置きます。

A＋没有＋B＋**形容詞**

田中没有中岛**高**。
Tiánzhōng méiyǒu Zhòngdǎo gāo.
（田中さんは中島さんほど背が高くない）

二者を比べて「同じくらい」を表すには、以下のように表現します。（→第34節身長の表現）

A＋跟（和）＋B＋一样＋**形容詞**

这座大楼跟那座山一样**高**。
Zhè zuò dàlóu gēn nà zuò shān yíyàng gāo.
（このビルとあの山は同じくらいの高さだ）
※一样 yíyàng（同じ）

ファッション用語をマスターしよう

服やファッションアイテムの名前を覚えましょう。

鞋子 xiézi	靴	高跟鞋 gāogēnxié	ハイヒール
袜子 wàzi	靴下	连裤袜 liánkùwà	ストッキング
内裤 nèikù	パンツ（下着） ※男女とも	连衣裙 liányīqún	ワンピース
裙子 qúnzi	スカート	迷你裙 mínǐqún	ミニスカート
裤子 kùzi	ズボン	短裤 duǎnkù	短パン
牛仔裤 niúzǎikù	ジーンズ	罩衫 zhàoshān	ブラウス
衬衫 chènshān	シャツ	T恤衫 T xùshān	Tシャツ
西装 xīzhuāng	スーツ	外套 wàitào	ジャケット
大衣 dàyī	コート	手套 shǒutào	手袋
围巾 wéijīn	マフラー	帽子 màozi	帽子

音声ファイル名 2_32N 2_32S

Normal

第32節 「ちょっと」を表す表現

Slow

中国語の「ちょっと」にはいくつかの表現があります。まずは基本の2つをマスターしましょう。

音読でマスター！

今天比昨天暖和一点儿。

Jīntiān bǐ zuótiān nuǎnhuo yìdiǎnr.

你比我高一点儿。

Nǐ bǐ wǒ gāo yìdiǎnr.

这个项链有点儿贵。

Zhège xiàngliàn yǒudiǎnr guì.

房间有点儿脏。

Fángjiān yǒudiǎnr zāng.

今天有点儿冷。

Jīntiān yǒudiǎnr lěng.

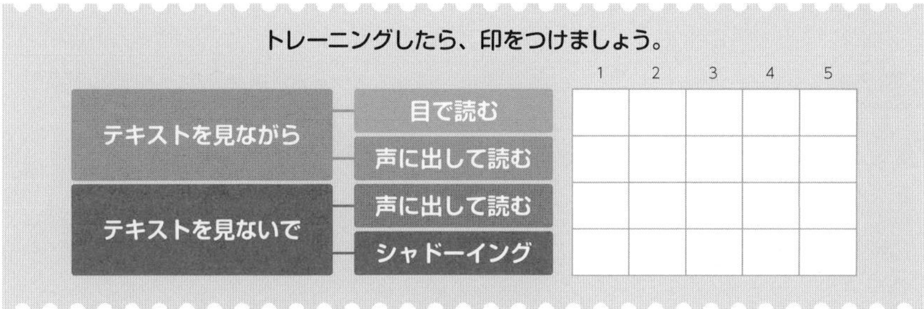

今日は昨日より少し暖かいです。	**暖和**　暖かい nuǎnhuo **一点儿**　少し yìdiǎnr
あなたは私より少し背が高いです。	**高**　高い gāo 「背が低い」は“矮” ǎi ▶ 第34節
このネックレスは少し高いです。	**项链**　ネックレス xiàngliàn **有点儿**　少し yǒudiǎnr
部屋が少し汚いです。	**房间**　部屋 fángjiān **脏**　汚い zāng
今日は少し寒いです。	**冷**　寒い lěng

文法 をマスター！

2つの「ちょっと」の使い分けをマスター

●一点儿

比較文の形容詞の後ろなどに置かれ、比較対象との「少し」の差を示す働きをします。量を示す言葉なので、量詞の仲間です。

形容詞＋**一点儿**

好　**一点儿** 了。　（少し良くなった）
Hǎo yìdiǎnr le.

この文には、比較対象が直接ありませんが、「良くなった」と発話する人からすれば「以前の状況」が頭にあって話しているので、この文が成立します。

●有点儿

“一点儿”ととても似ている言葉ですが、“有点儿”は「自分にとって好ましくないこと」について「ちょっと〜（でいや）だ」という気持ちを表します。副詞として、形容詞の前に置いて使います。

有点儿 ＋形容詞

这个菜　**有点儿**　辣。　（この料理はちょっと辛い）
Zhège cài yǒudiǎnr　là.

それぞれ置く位置が異なりますので、意味とともに整理しておきましょう。

仕事に関する用語をマスターしよう

職場で使われる表現を覚えましょう。

上班 shàng//bān	出勤する	下班 xià//bān	退勤する
上下班时间 shàngxià bān shíjiān	通勤時間	打卡 dǎ//kǎ	（カードで）打刻する
名片 míngpiàn	名刺	ID卡 ID kǎ	IDカード
员工 yuángōng	スタッフ、従業員	经理 jīnglǐ	マネージャー
总经理 zǒngjīnglǐ	社長、ゼネラルマネージャー	商务 shāngwù	ビジネス
预约 yùyuē	予約、アポイントメント	会议 huìyì	会議
参观 cānguān	見学	访问 fǎngwèn	訪問
快递 kuàidì	速達便、宅配便	服务中心 fúwù zhōngxīn	サービスセンター
售后服务 shòuhòu fúwù	アフターサービス	遵守法规 zūnshǒu fǎguī	コンプライアンス
协议 xiéyì	コンセンサス	伙伴关系 huǒbàn guānxi	パートナーシップ

音声ファイル名 2_33N 2_33S

第33節 依頼、命令を表す表現

Normal

Slow

「～してください」「～してよ」などの表現をマスターしましょう。

音読でマスター！

→ ↘
请坐。
Qǐng zuò.

→ ↘
请进。
Qǐng jìn.

→ ↘ → → → ↘
请大家多指教。
Qǐng dàjiā duō zhǐjiào.

→ ↘ ・
你坐吧。
Nǐ zuò ba.

↗ ・ ↘ → ・
便宜一点儿吧。
Piányi yìdiǎnr ba.

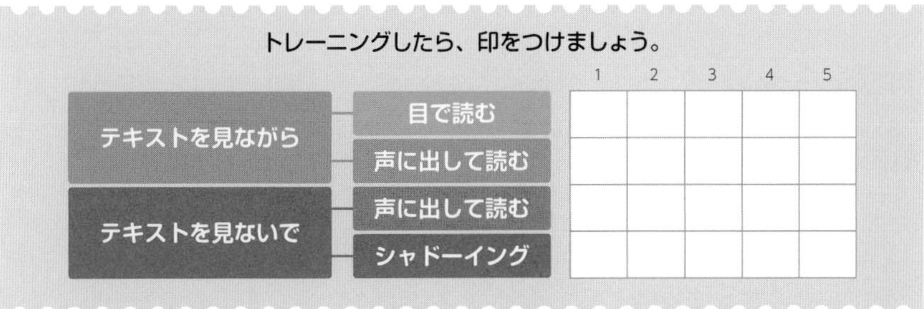

どうぞおかけください。

请　どうぞ～してください
qǐng
坐　座る
zuò

どうぞお入りください。

进　入る
jìn

どうぞいろいろ教えてください。

大家　みなさん
dàjiā
指教　教え示す
zhǐjiào

座ってください。

吧　～してください、
ba　～してよ

もう少し安くしてください。

便宜　安い
piányi

文法をマスター！

中国語の依頼表現

● 请 「どうぞ～してください」

相手に対して丁寧に何かを頼みたいときは、文の頭に“请”を置きます。“请”の後にすぐ動詞が来ているときは、“你”が省略されていると考えると良いでしょう。

请（你）喝茶。　（お茶をどうぞ）
Qǐng (nǐ) hē chá.

また、“请”には「ご馳走する」という意味もあるので覚えておきましょう。

今天晚上我请你吃饭。　（今晩は僕がご馳走します）
Jīntiān wǎnshang wǒ qǐng nǐ chī fàn.

● 吧 「～してください」「～してよ」

“请”より気軽に相手に依頼するときの表現です。頼みたいことをまず言って、文末に“吧”を置けば完成です。確認や推量の“吧”（→第10節）は「？」で文を終えますが、依頼のときは「。」で文を終えます。

你吃这个吧。　（これを食べなよ）
Nǐ chī zhège ba.

日本語では、「～してください」と「～してよ」のニュアンスはかなり異なりますが、中国語の場合は“吧”でまとめます。丁寧な“请”だけでなく、こちらも目上の人に使うことができるので慣れていきましょう。公式な場では“请”を、気楽な場ならば“吧”を、と使い分けてもいいですね。

インテリアに関する中国語をマスターしよう

家具や部屋の中のものに関する中国語を覚えましょう。

室内装饰 shìnèi zhuāngshì	インテリア	桌子 zhuōzi	テーブル
圆桌 yuánzhuō	円卓	椅子 yǐzi	椅子
长椅 chángyǐ	長椅子、ベンチ	沙发 shāfā	ソファ
椅垫 yǐdiàn	クッション	单人床 dānrénchuáng	シングルベッド
双人床 shuāngrénchuáng	ダブルベッド	书架 shūjià	本棚
衣柜 yīguì	クローゼット	衣架 yījià	ハンガー
地毯 dìtǎn	カーペット	窗户 chuānghu	窓
窗帘 chuānglián	カーテン	百叶帘 bǎiyèlián	ブラインド
电灯 diàndēng	電灯	台灯 táidēng	電気スタンド
落地座灯 luòdì zuòdēng	フロアスタンド	赏叶植物 shǎngyè zhíwù	観葉植物

音声ファイル名 2_34N 2_34S

第34節 身長の表現

Normal

Slow

身長に関する表現をマスターしましょう。

音読でマスター！

→ → →

你多高?

Nǐ duō gāo?

→ ↘ → → →

我一米七三。

Wǒ yì mǐ qī sān.

→ • → ↘ • →

哥哥高，弟弟矮。

Gēge gāo, dìdi ǎi.

↗ → ↗ → → ↗ ↘ →

水野和小山一样高。

Shuǐyě hé Xiǎoshān yíyàng gāo.

→ → ↘ ↘ •

他穿大号的。

Tā chuān dàhào de.

トレーニングしたら、印をつけましょう。

		1	2	3	4	5
テキストを見ながら	目で読む					
	声に出して読む					
テキストを見ないで	声に出して読む					
	シャドーイング					

身長はどれくらいですか？

多　どれくらい
duō

1メートル73センチです。

米　メートル
mǐ

兄は背が高く、弟は低いです。

高　高い
gāo
矮　（身長が）低い
ǎi

水野さんと小山さんは同じくらいの身長です。

水野　水野（人名）
Shuǐyě
小山　小山（人名）
Xiǎoshān
和〜一样…　〜と同じくらい…だ
hé〜yíyàng

彼はLサイズを着ます。

穿　着る
chuān
大号　Lサイズ
dàhào

文法をマスター！

身長や服のサイズに関する表現をマスター

身長について、中国語も日本と同じ度量衡を用いますが若干注意が必要です。

我一米八零　(私は1メートル80センチだ)
Wǒ yì mǐ bā líng.

まず、主語の直後に“是”などの動詞を置くことなく身長を置きます。そして、日本語では1メートル以降を「80センチ」としますが、中国語ではこれを“八零”(ハチゼロ) のようにただ数字を並べるだけです。

また、身長を尋ねるときには次の表現を使います。

你多高?
Nǐ duō gāo?

“多”は、形容詞の前に置くことで「どのくらい〜」という疑問を表すことができるので、覚えておきましょう。

体重の表現は人によりますが、“公斤gōngjīn”(キログラム) よりも“斤jīn”(キログラムの半分) を使うことが多いです。自分の体重を2倍して表現しましょう。

你多重?　(体重はどれくらいですか?)
Nǐ duōzhòng?

我120斤。(60キロです)
Wǒ yì bǎi èrshí jīn.

服のサイズは、S/M/Lをそれぞれ次のように表します。服を買う際にこれらを伝えれば大丈夫です。

小号/中号/大号
xiǎohào/zhōnghào/dàhào

日本のアニメ、漫画をマスターしよう

世界的に有名な日本のアニメ、漫画の中国語名を覚えましょう。

动漫 dòngmàn	アニメ	漫画 mànhuà	漫画
哆啦A梦 Duōlā A mèng	ドラえもん	蜡笔小新 Làbǐ Xiǎo Xīn	クレヨンしんちゃん
樱桃小丸子 Yīngtáo xiǎowánzi	ちびまる子ちゃん	七龙珠 Qīlóngzhū	ドラゴンボール
鲁邦三世 Lǔbāng sānshì	ルパン三世	名侦探柯南 Míngzhēntàn Kēnán	名探偵コナン
铁臂阿童木 Tiěbì Ātóngmù	鉄腕アトム	七大罪 Qīdàzuì	七つの大罪
精灵宝可梦 Jīnglíng Bǎokěmèng	ポケットモンスター	钢之炼金术师 Gāng zhī liànjīnshù shī	鋼の錬金術師
银魂 Yínhún	銀魂	我的英雄学院 Wǒ de Yīngxióng xuéyuàn	僕のヒーローアカデミア
航海王 Hánghǎiwáng	ONE PIECE	进击的巨人 Jìnjī de jùrén	進撃の巨人
鬼灭之刃 Guǐmiè zhī rèn	鬼滅の刃	吹响! 上低音号 Chuīxiǎng! Shàngdīyīn hào	響け！ユーフォニアム
飙速宅男 Biāosù zháinán	弱虫ペダル	你的名字。 Nǐ de míngzi.	君の名は。

音声ファイル名 2_35N 2_35S

Normal

第35節 状況を尋ねる“怎么样？”

Slow

相手の状況や評価を尋ねる表現をマスターしましょう。

音読でマスター！

三浦最近怎么样?

Sānpǔ zuìjìn zěnmeyàng?

八点在秋叶原见面，怎么样?

Bā diǎn zài Qiūyèyuán jiàn miàn, zěnmeyàng?

六十块，怎么样?

Liùshí kuài, zěnmeyàng?

他的中文怎么样?

Tā de Zhōngwén zěnmeyàng?

不怎么样。

Bù zěnmeyàng.

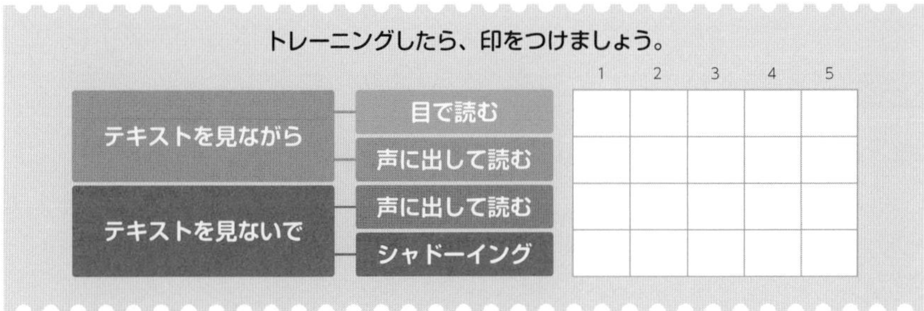

三浦さんは最近どうですか？

三浦　三浦（人名）
Sānpǔ
最近　最近
zuìjìn
怎么样　どうですか
zěnmeyàng

8時に秋葉原でどうですか？

秋叶原　秋葉原
Qiūyèyuán
见面　会う
jiàn//miàn

60元でどうですか？

块　元
kuài

彼の中国語はどうですか？

中文　中国語
Zhōngwén

たいしたことないです。

不怎么样　たいしたことはない
bù zěnmeyàng

文法 をマスター！

「どうですか？」と相手の意向を尋ねる表現をマスター

文末に疑問詞“怎么样？”を置くと、日本語と同じ感覚で相手に「どうですか？」と尋ねることができます。

たとえば、物を相手に見せながら単独で次のように聞くこともできます。

怎么样？ （どう？）
zěnmeyàng?

また、下の例のように、様態補語（→第20節）とすることもできるので、活用範囲がとても広く便利です。

佐藤说法语说得怎么样？
Zuǒténg shuō Fǎyǔ shuōde zěnmeyàng?
（佐藤さんのフランス語はどうですか？）

否定の“不”を“怎么样”の前に置くと、「たいしたことはない」というニュアンスになります。このときは、疑問詞の働きはなくなります。

同じように、“好吗？（いいですか？）”も文末に置くだけで軽い許可、依頼を示す表現として便利に使えますので覚えておきましょう。

你跟我一起去买东西，好吗？
Nǐ gēn wǒ yìqǐ qù mǎi dōngxi, hǎo ma?
（私と一緒に買い物に行きませんか？）

食材の名前をマスターしよう

スーパーマーケットで買える食材の中国語を覚えましょう。

牛肉 niúròu	牛肉	猪肉 zhūròu	豚肉
鸡肉 jīròu	鶏肉	羊肉 yángròu	羊肉
蔬菜 shūcài	野菜	葱 cōng	ネギ
洋葱 yángcōng	タマネギ	白菜 báicài	白菜
菠菜 bōcài	ホウレンソウ	大蒜 dàsuàn	ニンニク
南瓜 nánguā	カボチャ	金枪鱼 jīnqiāngyú	マグロ
秋刀鱼 qiūdāoyú	サンマ	鱿鱼 yóuyú	イカ
蘑菇 mógu	キノコ	香菇 xiānggū	シイタケ
黑木耳 hēimù'ěr	キクラゲ	水果 shuǐguǒ	フルーツ
西瓜 xīguā	スイカ	葡萄 pútao	ブドウ

音声ファイル名 2_35N2 2_35S2

Normal

Slow

まとめて練習しましょう⑦

買い物をする

你好，我要买这个。

Nǐhǎo, wǒ yào mǎi zhège.

这个比那个大一点儿。

Zhège bǐ nàge dà yìdiǎnr.

可以试穿吗？

Kěyǐ shìchuān ma?

太贵了，便宜一点儿吧。

Tài guì le, piányi yìdiǎnr ba.

五十块，怎么样？

Wǔshí kuài, zěnmeyàng?

好吧，我买这个。

Hǎo ba, wǒ mǎi zhège.

こんにちは、これが欲しいです。	店員さんに声をかけるときは、“你好”や“服务员”(店員さん)などを使いましょう。
これはあれより少し大きいですね。	比較の用法(▶第31節)を思い出して、“比”を使って二者を比較できると、買い物も楽しくなりますね。
試着してもいいですか?	試すときには、“试+動詞”を使います。このときには、文頭に許可の助動詞“可以”(▶第16節)を置きましょう。
高すぎます。少し安くしてください。	高いと感じたときには、この表現を使うことで値切ることができるかもしれません。百貨店や免税店などでは値切ることができないので注意しましょう。
50元でどうですか?	自分が思うより少し多めに値切るのがポイントです。また、中国には手で数字を表現する方法があります。正確に伝えあうため、ジェスチャーとともに口頭で伝えるのも一つの方法です。
わかりました。これを買います。	「いいでしょう」や「わかりました」と言うときには“好吧”や“好的”を使いましょう。

音声ファイル名 2_36N 2_36S

第36節 処置を加える“把”構文

Normal

Slow

「～を…する」という処置の文型をマスターしましょう。

音読でマスター！

我把作业做完了。

Wǒ bǎ zuòyè zuòwán le.

久保把教室打扫得干干净净了。

Jiǔbǎo bǎ jiàoshì dǎsǎo de gāngānjìngjìng le.

老师把我说了。

Lǎoshī bǎ wǒ shuō le.

我把钥匙忘在房间里了。

Wǒ bǎ yàoshi wàngzài fángjiān li le.

我没把雨伞带来。

Wǒ méi bǎ yǔsǎn dàilai.

トレーニングしたら、印をつけましょう。

		1	2	3	4	5
テキストを見ながら	目で読む					
	声に出して読む					
テキストを見ないで	声に出して読む					
	シャドーイング					

私は宿題をやり終えました。

把　～を…する
bǎ
作业　宿題
zuòyè

久保さんは教室をきれいに
掃除しました。

久保　久保（人名）
Jiǔbǎo
打扫　掃除する
dǎsǎo
干干净净　きれい
gāngānjìngjìng

先生は私を叱りました。

说　叱る（“把”や“被”の文ではこの意味になります）
shuō

部屋に鍵を忘れてしまいました。

钥匙　鍵
yàoshi
忘　忘れる
wàng

傘を持ってきませんでした。

雨伞　傘
yǔsǎn
带来　持ってくる
dàilai

文法をマスター！

処置文の作り方をマスター

「～を…する」という文を作るには、介詞（第13節、第25～26節）の一種である“把”を使います。

主語＋把＋目的語＋動詞フレーズ

我　把　手机　弄坏了。
Wǒ bǎ shǒujī nòng huài le.
（携帯電話を壊してしまった）

この文のポイントは、動詞フレーズにあります。「処置（目的語がどうなったか）」を明確に示す必要があるため、一文字の動詞だけでは文が成立しません。動詞の後に、以下のような言葉を追加しましょう。

結果補語をつける

做完（やり終える）、洗干净（きれいに洗う）

方向補語をつける

放进（カバンや入れ物に入れる）、搬出去（運び出す）

了をつける

これらの言葉を動詞フレーズとして使っていきましょう。処置文の否定は「処置がされなかった」なので、“没”が使われることが多いです。

また、否定の“没”は動詞ではなく介詞を直接否定します。

2つ目のポイントは、「目的語が特定の（話している当人たちが了解している）もの」であることです。“我的书（私の本）”“一杯水（1杯の水）”のように、名詞の前に修飾部をつけることで特定のものにすることができます。話題にすでに上がっているなど、明らかに目的語が特定のものだとわかっているときには、そのまま目的語になることができます。

身体に関する単語をマスターしよう

身体の部位を表す言葉を中国語で覚えましょう。

中国語	意味	中国語	意味
头 tóu	頭	眉毛 méimao	眉毛
眼睛 yǎnjing	目	耳朵 ěrduo	耳
鼻子 bízi	鼻	口 kǒu	口
嘴唇 zuǐchún	唇	牙齿 yáchǐ	歯
舌头 shétou	舌	脖子 bózi	首
肩膀 jiānbǎng	肩	胳膊 gēbo	腕
手 shǒu	手	手指 shǒuzhǐ	指
指甲 zhǐjia	爪	胸 xiōng	胸
腰 yāo	腰	肚子 dùzi	お腹
腿 tuǐ	腿	脚 jiǎo	足（足首から先）

音声ファイル名 2_37N 2_37S

第37節 受け身を表す“被”構文

Normal

Slow

「～される／られる」の意味を表す受け身文をマスターしましょう。

音読でマスター！

我被她甩了。

Wǒ bèi tā shuǎi le.

自行车被哥哥骑走了。

Zìxíngchē bèi gēge qízǒu le.

我被老师说了。

Wǒ bèi lǎoshī shuō le.

我的钱包被偷了。

Wǒ de qiánbāo bèi tōu le.

新产品终于出售了。

Xīn chǎnpǐn zhōngyú chūshòu le.

トレーニングしたら、印をつけましょう。

		1	2	3	4	5
テキストを見ながら	目で読む					
	声に出して読む					
テキストを見ないで	声に出して読む					
	シャドーイング					

彼女に振られました。

被 〜される／られる
bèi
她 ここでは恋人、好きな女性を指す
tā
甩 振る
shuǎi

兄が自転車に乗って行ってしまいました。

自行车 自転車
zìxíngchē
骑 またがって乗る
qí

先生に叱られました。

说 “被”とともに使われる“说”は「叱る」
shuō
▶ 第36節

財布が盗まれてしまいました。

钱包 財布
qiánbāo
偷 盗む
tōu

新商品がついに売り出されました。

产品 商品、製品
chǎnpǐn
终于 ついに
zhōngyú
出售 売り出す
chūshòu

文法をマスター！

受け身の表現をマスター

「～は…される」という受け身を表すには、以下の形を用います。

受け手＋**被**＋動作主＋動詞フレーズ

电脑 **被** 弟弟 弄坏了。
Diànnǎo bèi dìdi nòng huài le.
（パソコンは弟に壊されてしまった）

前節の“把”構文と同じく「何かをされてどうなったか」を明確に示す必要があるので、“被”の構文も動詞を単独で使うことはできません。結果補語や“了”などを動詞にプラスして文を組み立てていきましょう。

以下のように、多くの文では主語と目的語を入れ替えて“把”と“被”を書き換えることも可能です。

老师 **把** 我 说了。
Lǎoshī bǎ wǒ shuō le.
（先生は私を叱った）
我 **被** 老师 说了。
Wǒ bèi lǎoshī shuō le.
（私は先生に叱られた）

本文４つ目のように、「誰にされたかわからない」場合には、動作主を省略します。

本文の最後にあるように、動作の受け手が主語になる場合には“被”を使わなくても受け身を表すことが多いので注意しましょう。

生活に中国語を取り入れましょう

外国語を学ぶことは、机上の学習にとどまりません。生活の中に学習を取り入れるための例をいくつかご紹介します。

● 学習をスケジューリングする

一日のスケジュールを書き出し、移動中なら「リスニング」、休憩時間なら「ドラマ視聴」、学校や仕事帰りのカフェなら「文法」など、シーンごとに何をするか決めておくと学習が習慣化されやすくなります。また、15分、30分などと時間を計って、その中でしか勉強をしないというのも集中力が続くのでおすすめです。

● ノートを作る

単語や表現などをまとめたノートを作っていきましょう。なるべくページ数が多くて軽いもの、かつ自分の気に入ったものを用意すると愛着も湧きます。中国語の表現がわからない日本語をメモしておき、スキマ時間で調べて埋めるようにすると効果的です。また、きれいに書こうと思うと長続きしないかもしれません。私は消しゴムすら使わずに、どんどん書き進めています。

● スマートフォンの言語設定を中国語にする

iOSでもandroidでも、今は簡単に中国語環境が実現できます。いっそのこと、スマートフォンを触る時間まで勉強時間に変えてしまいましょう。第38節の（単語帳）に設定で必要と思われる単語を載せてありますので、参考にしてみてください。中国語環境に設定したままでも、日本語入力はできますし、メールの送信やSNSへの投稿にも支障ありません。困ったらいつでも日本語環境に戻せます。

第38節 同時進行を表す“一边～一边～”

音声ファイル名 2_38N 2_38S

Normal

Slow

「～しながら…する」を表す表現をマスターしましょう。

音読でマスター！

↗ ・ ・ ↘ → ↘ ↘ → ↘

学生们一边唱一边跳。

Xuéshengmen yìbiān chàng yìbiān tiào.

→ ↗ ↘ → ↘ → → ↘ → → ↘

你别一边看手机一边走路。

Nǐ bié yìbiān kàn shǒujī yìbiān zǒu lù.

↘ ↗ → ↘ → ↘ ↗ ↘ → → →

大学生一边上学一边打工。

Dàxuéshēng yìbiān shàng xué yìbiān dǎgōng.

↗ → ・ ↘ → → ↘ ↘ → ↘ ↘ ↘

我晚上一边吃饭一边看电视。

Wǒ wǎnshang yìbiān chī fàn yìbiān kàn diànshì.

→ → ↘ ↘ → → ↗ ↗ →

他边看课本边查词典。

Tā biān kàn kèběn biān chá cídiǎn.

トレーニングしたら、印をつけましょう。

		1	2	3	4	5
テキストを見ながら	目で読む					
	声に出して読む					
テキストを見ないで	声に出して読む					
	シャドーイング					

学生たちは歌いながら踊っています。

一边 ～しながら
yìbiān
唱 歌う
chàng
跳 踊る
tiào

携帯を見ながら歩くのはやめなさい。

走路 道を歩く
zǒu//lù

大学生は通学しながら
アルバイトします。

上学 通学する
shàng xué
打工 アルバイトする
dǎ//gōng

私は夜ご飯を食べながらテレビを
見ます。

吃饭 ご飯を食べる
chī//fàn
电视 テレビ
diànshì

彼はテキストを見ながら
辞書を引きます。

查 調べる
chá
词典 辞書
cídiǎn

文法をマスター！

同時進行の表現をマスター

「～しながら…する」という、異なる動作を同時進行で行う様子を示すには、以下のように文を作ります。

一边＋動詞A（＋目的語A）＋**一边**＋動詞B（＋目的語B）

一边 做饭 **一边** 聊天儿。
Yìbiān zuò fàn yìbiān liáo tiānr.
（ご飯を作りながらおしゃべりをする）

あくまでも動作を同時に並べるだけなので、"一边" の後に来ることができるのは動詞、または動詞フレーズのみです。目的語を置く必要のない場合、省略することもできます。

一边 看 **一边** 画。
Yìbiān kàn yìbiān huà.
（見ながら描く）

また、本文５つめのように、書き言葉ではしばしば "一" が省略されることもあります。

边 看 **边** 画。
Biān kàn biān huà.
（見ながら描く）

さまざまな場面で使え、かつシンプルなルールですので、積極的に使っていきたい文型です。

スマホ用語をマスターしよう②

スマートフォンで中国語を扱うための表現を学びましょう。

通用 tōngyòng	一般	控制中心 kòngzhì zhōngxīn	コントロールセンター
文字大小 wénzì dàxiǎo	文字の大きさ	语言与地区 yǔyán yǔ dìqū	言語と地域
还原 huányuán	復元	浏览器 liúlǎnqì	ブラウザ
日历 rìlì	カレンダー	相机 xiàngjī	カメラ
闹钟 nàozhōng	アラーム	备忘录 bèiwànglù	メモ
提醒事项 tíxǐng shìxiàng	リマインダー	井字号 jǐng zì hào	ハッシュタグ
上传 shàngchuán	アップロード	下载 xiàzài	ダウンロード ※xiàzǎiと発音することも多い
PS过 PS guò	画像を加工する（盛る）	表情包 biǎoqíng bāo	スタンプや絵文字
屏幕截图 píngmù jiétú	スクリーンショット	无线网络 wúxiàn wǎngluò	Wi-Fi
二维码 èr wéi mǎ	QRコード	应用软件 yìngyòng ruǎnjiàn	アプリケーション
游戏 yóuxì	ゲーム	视频 shìpín	ビデオ
通话 tōnghuà	通話		

音声ファイル名 2_39N 2_39S

第39節 進行を表す“在”、継続を表す“着”

Normal

Slow

「～ている」を表す2種類の表現をマスターしましょう。

音読でマスター！

→ ↘ ↗ → ↗

他在学中文。

Tā zài xué Zhōngwén.

↝ ↘ ↘ → → ・

我正在开车呢。

Wǒ zhèngzài kāi chē ne.

→ ・ → ↝ ↘ ・

他们吃晚饭呢。

Tāmen chī wǎnfàn ne.

→ ・ → ・ ・

窗户开着呢。

Chuānghu kāizhe ne.

↘ ・ ↘ ・ ↝ ・

外边下着雨呢。

Wàibian xiàzhe yǔ ne.

トレーニングしたら、印をつけましょう。

		1	2	3	4	5
テキストを見ながら	目で読む					
	声に出して読む					
テキストを見ないで	声に出して読む					
	シャドーイング					

彼は中国語を学んでいます。

在 ～している
zài

今運転中です。

正在 今まさに～している
zhèngzài
呢 ～している
ne

彼らは夕飯を食べています。

晚饭 夕飯
wǎnfàn

窓が開いています。

窗户 窓
chuānghu
着 ～ている
zhe

外は雨が降っています。

外边 外
wàibian
下 （雨などが）降る
xià

文法 をマスター！

進行と持続の表現をマスター

進行の“在”

英語の「-ing」のように、動作の進行を表すには動詞の前に“在”を置きます。“在”の前に“正”を使うと、「今まさに〜している」ニュアンスを付加できます。また文末には相性の良い語気助詞“呢”がよく置かれます。“呢”は単独で進行を表すこともできます。

主語＋在＋動詞＋目的語（＋呢）

我 在 唱 歌 呢。
Wǒ zài chàng gē ne.
（私は歌を歌っている）

我 吃 饭 呢。
Wǒ chī fàn ne.
（私はご飯を食べている）

持続の“着”

動詞の後に“着”を置くと、「その動作が持続している」ことを表すことができます。進行の“在”と同じく、やはり“呢”とは相性が良いのでしばしば文末に置かれます。

门 开 着 呢。
Mén kāi zhe ne.
（ドアが開いている）

この文は、ドアが開かれてから「開いた状態が持続している」ことを表します。

コラム

離合詞について

中国語は、基本的に「動詞＋目的語」の語順です。動詞の後には名詞が置かれますが、動詞の中には、それ自体が「動詞＋目的語」の構造を持つものがあります。次の動詞を見てください。

生气　怒る
shēng//qì

见面　会う
jiàn//miàn

结婚　結婚する
jié//hūn

これらはすべて、「気を生む」「面を見る」「婚を結ぶ」というように、動詞の中でフレーズのようになっているのです。これを離合詞（離れたりくっついたりする動詞）といいます。

離合詞というだけあって、次の例文のように間に言葉が入ることがあります。間に入れる言葉は動作の回数や修飾語など離合詞によってさまざまです。辞書を引くと、離合詞のピンインには「//」や「・」が使われています（上の３つの単語のピンイン参照）。間に入るのがどのような言葉なのか確認しながら整理しましょう。

你别生我的气！（私に怒らないで！）
Nǐ bié shēng wǒ de qì!

日本語では「我」が目的語のようだが、この離合詞の目的語は气。それを修飾する「我」が入っている

我结了一次婚。（私は１度結婚した）
Wǒ jiéle yí cì hūn.

完了の「了」と回数を表す「一次」が入っている

目的語を後ろに置くと目的語が2つ連続してしまうので、目的語がある場合には介詞を使って前に引き出します。

我跟她见过一次面。（彼女と１度会ったことがある）
Wǒ gēn tā jiànguo yí cì miàn.

「她」が介詞「跟」を使って前に引き出されている

音声ファイル名 2_40N 2_40S

Normal

Slow

第40節 使役を表す“让”“叫”

「～に…させる」という使役の表現をマスターしましょう。

音読 でマスター！

哥哥让我去。

Gēge ràng wǒ qù.

上司让我去出差。

Shàngsi ràng wǒ qù chū chāi.

爸爸不让我喝酒。

Bàba bú ràng wǒ hē jiǔ.

老师叫我做作业。

Lǎoshī jiào wǒ zuò zuòyè.

妈妈叫我打扫房间。

Māma jiào wǒ dǎsǎo fángjiān.

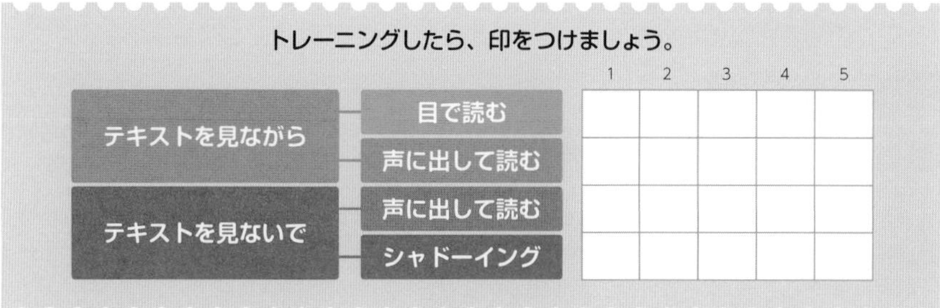

兄が私を行かせます。	**让** 〜させる ràng
上司が私を出張に行かせます。	**上司** 上司 shàngsi **出差** 出張 chū//chāi
父は私にお酒を飲ませません。	**喝酒** 酒を飲む hē//jiǔ
先生は私に宿題をするようにと言います。	**叫** 〜するように言う jiào **作业** 宿題 zuòyè
母は私に部屋を掃除するように言います。	**打扫** 掃除する dǎsǎo **房间** 部屋 fángjiān

文法をマスター！

基本的な使役表現をマスター

中国語の使役表現にはいくつか種類がありますが、よく使われるのが“让”と“叫”です。整理して覚えていきましょう。

● 让～　～させる

A 让 B ＋動詞（＋目的語）

上司 让 我 去 出差。
Shàngsi ràng wǒ qù chū chāi.
（上司は私を出張に行かせる）

「～させる」というときに最も基本となる表現です。“让”の後に「S（使役の相手）＋V（＋O)」を置くと覚えれば簡単です。また、“让”は「讓」の簡体字です。

● 叫～　～するよう言う

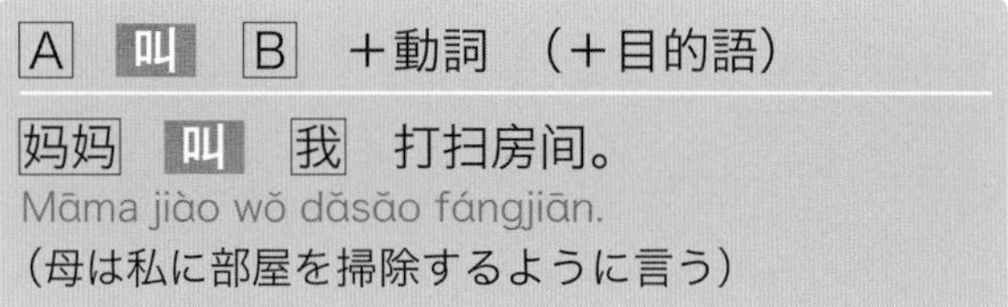
A 叫 B ＋動詞（＋目的語）

妈妈 叫 我 打扫房间。
Māma jiào wǒ dǎsǎo fángjiān.
（母は私に部屋を掃除するように言う）

「するように言う」というニュアンスの使役表現です。“让”と同じく後に主語+動詞（＋目的語）を置きます。

また、第33節で学んだ“请”も、実はこの使役文の仲間です。意味上は依頼を表しますが、丁寧な表現ではあっても「相手に何かをさせる」ということは共通していますね。

中国の度量衡をマスターしよう

長さや重さなどを表す単位を度量衡と言います。中国の度量衡には、中国伝統のものと世界基準のものとが共存しています。

＊長さ（世界基準）

一毫米 yì háomǐ	1mm
一厘米（一公分） yì límǐ (yì gōngfēn)	1cm
一米 yì mǐ	1m
一公里 yì gōnglǐ	1km

（中国独自）

一尺 yì chǐ	0.33m
一里 yì lǐ	0.5km

＊重さ（世界基準）

一克 yí kè	1g
一公斤 yì gōngjīn	1kg
一吨 yì dūn	1t

（中国独自）

一两 yì liǎng	50g
一斤 yì jīn	500g

＊量（世界基準）

一毫升 yì háoshēng	1ml
一公升 yì gōngshēng	1l

（中国独自）

升と公升とは同じ量を表しますが、升は国が定めた単位基準です。

一升 yì shēng	1l

第41節

音声ファイル名 2_41N 2_41S

動作の量を表す動量詞

Normal

Slow

動作量を表す表現をマスターしましょう。

音読でマスター！

↗ → ↘ ↗ ↘

我得去一趟。

Wǒ děi qù yí tàng.

→ → · ↗ ↘ → →

我吃过一次火锅。

Wǒ chīguo yí cì huǒguō.

→ ↘ · ↗ ↘ ↗ ↘

我去过一次重庆。

Wǒ qùguo yí cì Chóngqìng.

→ ↘ · ↘ → ↘

我去过那儿两次。

Wǒ qùguo nàr liǎng cì.

↗ ↗ ↘ → ↘ ↘ ↗ → ↘ ↘ ↗

学习外语，要念几百遍课文。

Xuéxí wàiyǔ, yào niàn jǐbǎi biàn kèwén.

トレーニングしたら、印をつけましょう。

		1	2	3	4	5
テキストを見ながら	目で読む					
	声に出して読む					
テキストを見ないで	声に出して読む					
	シャドーイング					

ちょっと行ってこなくてはいけません。

趟　往復を表す動量詞
tàng

火鍋を１回食べたことがあります。

过　～したことがある
guo
火锅　火鍋
huǒguō

重慶に１回行ったことがあります。

重庆　重慶
Chóngqìng

そこに２回行ったことがあります。

那儿
nàr

外国語を学ぶには、何百回も本文を読まなくてはいけません。

外语　外国語
wàiyǔ
念　声に出して読む
niàn
遍　～遍、回
biàn

文法をマスター！

動作量の表現をマスター

中国語では、何をどれだけしたかという動作の量は動詞の後に置くのがルールです。動作を数える言葉は「動量詞」とも呼ばれます。動量詞を含む文が目的語を伴うとき、以下のようなルールで組み立てます。

● 目的語が一般名詞の場合

主語＋動詞フレーズ＋回数＋目的語

我 吃过 一次 火锅。
Wǒ chīguo yícì huǒguō.
（火鍋を1回食べたことがある）

● 目的語が代名詞の場合

主語＋動詞フレーズ＋目的語＋回数

我 去过 那儿 两次。
Wǒ qùguo nàr liǎng cì.
（そこに2回行ったことがある）

● 目的語が人名や地名の場合

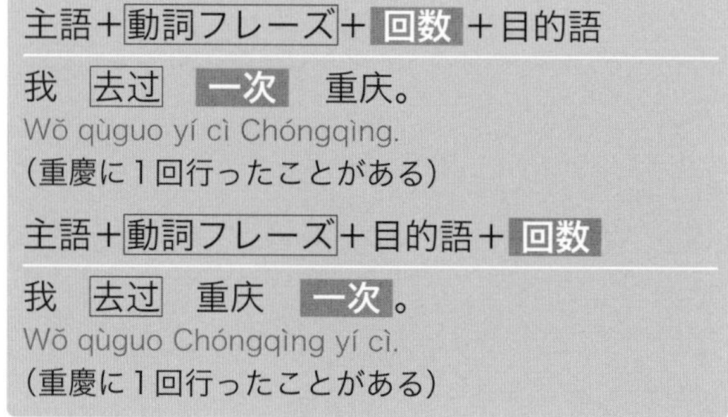
主語＋動詞フレーズ＋回数＋目的語

我 去过 一次 重庆。
Wǒ qùguo yí cì Chóngqìng.
（重慶に1回行ったことがある）

主語＋動詞フレーズ＋目的語＋回数

我 去过 重庆 一次。
Wǒ qùguo Chóngqìng yí cì.
（重慶に1回行ったことがある）

目的語の種類によって語順が変わってくるので、整理して覚えていきましょう。

身体の症状の言い方をマスターしよう

病気やけが、具合を表す中国語を覚えましょう。

感冒 gǎnmào	風邪	流感 liúgǎn	インフルエンザ
传染病 chuánrǎnbìng	感染症	新冠病毒 xīnguān bìngdú	新型コロナウイルス
头疼 tóuténg	頭痛	牙疼 yáténg	歯痛
眼睛疲劳 yǎnjīng píláo	眼精疲労	咳嗽 késou	咳
胃疼 wèiténg	胃痛	经痛 jīngtòng	月経痛
腰痛 yāotòng	腰痛	挫伤 cuòshāng	ねんざ
骨折 gǔzhé	骨折	肌肉酸痛 jīròu suāntòng	筋肉痛
不舒服 bù shūfu	気分が悪い	发冷 fā lěng	寒気がする
身体疲倦 shēntǐ píjuàn	身体がだるい	打喷嚏 dǎ pēntì	くしゃみをする
发烧 fā//shāo	熱がある	拉肚子 lā dùzi	お腹を下す
没有食欲 méiyǒu shíyù	食欲がない	肩酸 jiān suān	肩がこる
头晕 tóu yūn	めまいがする	恶心 ěxin	吐き気がする
烫伤 tàngshāng	やけどする	浮肿 fúzhǒng	むくむ

音声ファイル名 2_42N 2_42S

第42節 介詞④ “对”“向”“往”

Normal

Slow

使い方の似ている介詞を整理しマスターしましょう。

音読でマスター！

→ → → ↘ ↘ → ↝ ↗ ↝

多吃蔬菜对身体很好。

Duō chī shūcài duì shēntǐ hěn hǎo.

↘ ↘ . ↘ ↗ ↝ . ↘ ↝ ↘ ↗ ↘

对这个问题我们要讨论一下。

Duì zhège wèntí wǒmen yào tǎolùn yíxià.

↘ ↘ ↝ ↘ ↘ .

向右拐就到了。

Xiàng yòu guǎi jiù dào le.

↝ . → → ↘ → ↗ ↗

我们应该向他学习。

Wǒmen yīnggāi xiàng tā xuéxí.

↗ ↝ → ↝ .

你往东走吧。

Nǐ wǎng dōng zǒu ba.

トレーニングしたら、印をつけましょう。

		1	2	3	4	5
テキストを見ながら	目で読む					
	声に出して読む					
テキストを見ないで	声に出して読む					
	シャドーイング					

野菜をたくさん食べるのは身体に良いです。

对　～について
duì
蔬菜　野菜
shūcài

この問題について我々は話し合う必要があります。

问题　問題
wèntí
讨论　討論する、話し合う
tǎolùn

右に曲がれば着きます。

向　～に向かって
xiàng
拐　曲がる
guǎi

我々は彼を見習うべきです。

应该　～すべき
yīnggāi
学习　学ぶ、見習う
xuéxí

東へ歩いてください。

往　～の方へ
wǎng
东　東
dōng

文法をマスター！

方向、対象を表す介詞をマスター

「～へ」や「～について」といったニュアンスを表す表現がいくつか中国語にはあります。一つずつ覚えていきましょう。

● 対　～について、～に向かって、～に対して

“対”は、動作の対象を前に引き出す介詞です。この三つの中では最も使用頻度が高いです。

对 ＋ 対象 ＋ 動詞(フレーズ)

对 这个问题 要讨论一下。(この問題について話し合う必要がある)
Duì zhège wèntí yào tǎolùn yíxià.

● 向　～に向かって

方角などの他、抽象的な目標などについて使う介詞です。4つめの例文にある“向～学习（～を見習う）”の用法もぜひ覚えましょう。

向＋目標など＋動詞(フレーズ)

向 目标 前进。(目標に向かって前進する)
Xiàng mùbiāo qiánjìn.

● 往　～に向かって

移動の動作の方向、方角など、具体的な方向を示すための介詞です。結果補語に用いて、電車の行き先などを示すこともあります。

往＋場所＋動詞(フレーズ)

往 北 走。(北へ向かう)
Wǎng běi zǒu.

動詞＋**往**＋場所(＋名詞)

开 **往** 东京　的列车 。(東京行きの列車)
Kāi wǎng Dōngjīng de lièchē

性格に関する表現をマスターしよう

好人 hǎorén	いい人	坏人 huàirén	悪い人
大方 dàfang	おおらか	坦率 tǎnshuài	率直な
吝啬 lìnsè	ケチ	严格 yángé	厳しい
温柔 wēnróu	優しい	热心肠 rèxīncháng	心根の温かい
急性子 jíxìngzi	せっかちな人	慢性子 mànxìngzi	のんびり屋
爱说话 ài shuōhuà	話し好き	有耐心 yǒu nàixīn	我慢強い
马大哈 mǎdàhā	いい加減、そそっかしい	马马虎虎 mǎmǎhūhū	いい加減
有礼貌 yǒu lǐmào	礼儀正しい	没有礼貌 méiyou lǐmào	無礼
害羞 hàixiū	恥ずかしがり屋	认真 rènzhēn	真面目
自私 zìsī	わがまま	怕麻烦 pà máfan	面倒くさがり

音声ファイル名 2_42N2 2_42S2

Normal

Slow

まとめて練習しましょう⑧

本屋さんで探し物をする

您好，您在找什么书？
Nín hǎo, nín zài zhǎo shénme shū?

我对中国文化很感兴趣，有什么好的书吗？
Wǒ duì Zhōngguó wénhuà hěn gǎn xìngqù, yǒu shénme hǎo de shū ma?

好，稍等一下。
Hǎo, shāo děng yíxià.

那么我一边看书一边等。
Nàme wǒ yìbiān kàn shū yìbiān děng.

让您久等了，这本书怎么样？
Ràng nín jiǔ děng le, zhè běn shū zěnmeyàng?

对不起，我已经把这本书看完了。
Duìbuqǐ, wǒ yǐjīng bǎ zhè běn shū kànwán le.

こんにちは、何かお探しですか？	找(zhǎo)は「探す」です。買い物をするときにはどうしても気が引けるものです。まず優先すべきは、買い物に必要な表現を自分から発信できるようになることです。
中国文化に興味があるのですが、 何かいい本はありますか？	“对～感兴趣”で「～に興味がある」となります。興味のあるものをどんどん代入して練習しましょう。
わかりました。少々お待ちください。	こちらが接客する側になった際、接客表現を頭に入れておくと役立ちます。日頃、どんな表現を使っているかを考えて、対応する中国語の表現を選び、練習していきましょう。
じゃあ、本を見ながら待っています。	「じゃあ／では」を表す“那么”はクッションの言葉として大変便利です。 “一”の声調変化にも注意しましょう。
お待たせしました。 この本はどうですか？	“让您久等了”はよく使われる接客用語です。
すみません、 この本はもう読み終わりました。	p.176の表現と、このページの表現を何度も練習しましょう。自分で発音できない音は聞き取れないので、練習を重ねれば必ず相手の発言も聞き取れるようになります。

発展

知っておきたい表現・四字成語・ことわざ

ここからは、よく使われる表現、決まり文句、ことわざを紹介します。知っておくと便利なだけでなく、よく勉強しているなと思ってもらえて距離が縮まるかもしれません。

まずはじめに、動詞と名詞の組み合わせ表現です。中国語には、動詞１文字と名詞２文字の組み合わせで表される言葉がたくさんあります。動詞は、本来の意味を拡大して使われていることが多いので、見ただけではわからないものばかりかもしれません。少しずつ覚えていきましょう。

次に紹介する成語とは、四文字からなる決まり文句です。成語を使うことでシンプルに相手に物事を伝えることができます。

最後にことわざを紹介します。よく使われることわざや名言を通じて、中国人の精神性を垣間見ることができます。書き言葉に対する理解も同時に深めましょう。

動詞と名詞の組み合わせ

动手术　手術をする
dòng shǒushù

“动”の元の意味は「動く」。「する、やる」という意味の“做（手术）”という表現も使われますが、こちらを使うことも多いので覚えておきたい表現です。

例文

大夫，什么时候动手术呢?
Dàifu, shénme shíhou dòng shǒushù ne?
先生、手術はいつですか？

拿主意　腹を決める
ná zhǔyi

“拿”の元の意味は「手に持つ」。“主意”は「考え、アイデア」の意味で、声調は第三声＋軽声で表記されますが、第二声＋軽声で発音されることも多いです。

例文

你快拿主意吧。
Nǐ kuài ná zhǔyi ba.
早く腹を決めろよ。

办手续　手続きをする
bàn shǒuxù

“办”の元の意味は「する、やる」。こちらは本来の意味で使われていますが、他の「する、やる」を表す“做”などを組み合わせることはないので、セットで覚えておきましょう。

例文

你自己办手续吧。
Nǐ zìjǐ bàn shǒuxù ba.
自分で手続きをしなさい。

开玩笑　冗談を言う
kāi wánxiào

“开”の元の意味は「開く」。「冗談を開く」という、わかるようなわからないようなニュアンスです。こういったものは、まるごと覚えてしまいましょう。

例文

你别开玩笑吧。
Nǐ bié kāiwánxiào ba.
冗談はよしてよ。

配眼镜　眼鏡をあつらえる
pèi yǎnjìng

“配”の元の意味は「結びつく、組み合わせる」。対象の状態に合わせるところからこの動詞が用いられることになりました。鍵を作るときにも“配钥匙 yàoshi”と表現されます。

例文

我要去配眼镜。
Wǒ yào qù pèi yǎnjìng.
メガネを作りに行かなくちゃ。

冲咖啡　コーヒーを淹れる
chōng kāfēi

“冲”の元の意味は「衝突する、突進する」。“冲”を日本語の漢字で表すと「衝」です。「沖」はさんずいですが、こちらはにすいです。勢いよくお湯を注ぐところからこのように表現されます。

例文

给我冲咖啡吧。
Gěi wǒ chōng kāfēi ba.
コーヒー淹れてよ。

倒垃圾　ゴミを出す
dào lājī

“倒”の元の意味は「倒す」。ゴミ箱を倒して集積場にゴミを集めたところから来ています。ゴミを捨てるときは“扔rēng垃圾”とも言うので、併せて覚えておきましょう。

例文

你帮我去倒垃圾吧。
Nǐ bāng wǒ qù dào lājī ba.
ゴミを出してきてもらえる？

找零钱　お釣りを出す
zhǎo língqián

“找”の元の意味は「探す」。お店で現金を使って買い物をする際に使われます。使われるときには、下の文のように具体的な金額が入ることがほとんどです。

例文

找您三块。
Zhǎo nín sān kuài.
3元のお返しです。

覚えておきたい成語

一挙両得　一挙両得
yì jǔ liǎng dé

日本語と同じ構成の成語も数多くあります。意味も同じであることがほとんどですから、簡体字にすることだけ気を付けて覚えましょう。

例文

看电视剧一边练听力，一边学习会话，真是一举两得。
Kàn diànshìjù yìbiān liàn tīnglì, yìbiān xuéxí huìhuà, zhēnshi yìjǔliǎngdé.
テレビドラマを見てリスニングをしながら会話を勉強すれば一挙両得だ。

半斤八两　どんぐりの背比べ
bàn jīn bā liǎng

昔の重さの数え方で、半斤と八両はともに250グラムくらいを表しました。そこから、差がほとんどないことを指すようになりました。

例文

我一米六九，你一米六八，我们是半斤八两。
Wǒ yì mǐ liù jiǔ, nǐ yì mǐ liù bā, wǒmen shì bàn jīn bā liǎng.
私は169センチ、あなたは168センチ、ほとんど同じです。

七上八下　不安な様子
qī shàng bā xià

七が上で八が下、つまり普段と違う状況に置かれていることを示す言葉です。とくに、気持ちに不安があるときによく使われます。

例文

我心里七上八下的。
Wǒ xīnli qī shàng bā xià de.
不安で心がいっぱいだ。

一五一十　一部始終

yī wǔ yī shí

こちらも日本語でも使われる表現ですね。一から五まで話したらまた一まで戻って十まで、と念入りに仔細漏らさぬ様子を表します。

例文

你把话一五一十地说出来。

Nǐ bǎ huà yī wǔ yī shí de shuō chūlai.

一部始終すべて話しなさい。

百里挑一　百の中から一つを選ぶように優れたさま

bǎi lǐ tiāo yī

"百里" は「百の中」、"挑" は「選ぶ」。これがわかれば素直に理解できる成語です。オーディション番組の名前などにも使われ、よく耳にする成語です。

例文

他是百里挑一的人。

Tā shì bǎi lǐ tiāo yī de rén.

彼は百人に一人の逸材だ。

乱七八糟　めちゃくちゃである

luàn qī bā zāo

"乱" と "糟" はそれぞれ「乱れた」や「良くない」という意味で、間に語調を整えるように数字を挿入した成語です。下に示した文のように、部屋の乱雑さについてよく使われます。

例文

房间怎么这么乱七八糟的?

Fángjiān zěnme zhème luàn qī bā zāo de?

部屋がなぜこんなにめちゃくちゃなんだ？

颠三倒四　辻褄が合わない
diān sān dǎo sì

“颠”と“倒”はともに「倒れる」という意味です。三や四の数字をひっくり返したかのように、辻褄の合わないことについて用います。

例文

他说话总是颠三倒四。
Tā shuō huà zǒng shì diān sān dǎo sì.
彼はいつも訳のわからないことを言っている。

八面玲珑　対応の上手い人、八方美人
bā miàn línglóng

“玲珑”は、「宝石などがきらきら輝くさま」を表します。「全方向に抜かりなくうまく対処すること」と「八方美人」の両方を表すので、文脈に注意しましょう。

例文

她是个八面玲珑的人。
Tā shì ge bā miàn línglóng de rén.
彼女は八方美人だ。

对牛弹琴　馬の耳に念仏
duì niú tán qín

「牛に向かって琴を弾く」ことの無駄を説いた成語です。日本語にも同じような感覚があることを楽しみながら覚えておきたいですね。

例文

告诉他这件事，真是对牛弹琴。
Gàosu tā zhè jiàn shì, zhēnshi duì niú tán qín.
彼にそれを伝えても、馬の耳に念仏です。

九牛一毛　ごくわずかである

jiǔ niú yì máo

“九”は、“久”と発音が同じなので、「永久」や「数が多いこと」につながります。「多くの牛の中の一本の毛」というところから、その量がきわめて少ないことを表します。

例文

对他来说，这次的损失只是九牛一毛而已。

Duì tā lái shuō, zhè cì de sǔnshī zhǐ shì jiǔ niú yì máo éryǐ.

彼にとっては、このくらいの損失は大したことではない。

狐假虎威　虎の威を借る狐

hú jiǎ hǔ wēi

典型的なSVOからなる成語です。“假”は古代中国語で「借用する」の意味で、日本語がこの表現を「借りた」ことがわかります。

例文

你别狐假虎威嘛。

Nǐ bié hú jiǎ hǔ wēi ma.

虎の威を借るのはやめなよ。

车水马龙　往来が激しいさま

chē shuǐ mǎ lóng

車が水のように、馬が龍のように行き来するかのように往来が激しい様子を表す成語です。生き生きとした描写が中国語らしいですね。

例文

大路上车水马龙。

Dàlù shang chē shuǐ mǎ lóng.

道路の交通量が多い。

马马虎虎　いい加減なこと

mǎ mǎ hū hū

「馬のことを虎だというようないい加減さ」から、いい加減な人や物事を表す成語になりました。“虎”は単独では「hǔ」と発音しますが、この成語のときに限り第一声で発音するので注意してください。

例文

你别马马虎虎地做作业！

Nǐ bié mǎ mǎ hū hū de zuò zuòyè!

いい加減に宿題をしてはいけません！

如鱼得水　水を得た魚

rú yú dé shuǐ

「水を得た魚の如（ごと）し」。日本語と共通の表現です。日本語の「如」が書面語であるように、中国語の“如”もまた書面語です。「～のようだ」を表します。

例文

他来这儿以后，真是如鱼得水，大显身手。

Tā lái zhèr yǐhòu, zhēnshi rú yú dé shuǐ, dà xiǎn shēnshǒu.

彼はここへ来てから、水を得た魚のように手腕を発揮している。

鸡毛蒜皮　取るに足らない

jīmáo suànpí

「鶏の毛やニンニクの皮」など、どうでもいいものを表現する成語です。“九牛一毛”と似ていますが、“鸡毛蒜皮”はネガティブなイメージがより強いです。

例文

你别管这么鸡毛蒜皮的事。

Nǐ biéguǎn zhème jīmáo suànpí de shì.

そんなくだらないことに関わるのはやめなさい。

鸡飞蛋打　虻蜂取らず

jī fēi dàn dǎ

「鶏が飛んで行き、卵は割れてしまう」という「動詞＋目的語」が2回続く構造のわかりやすい成語です。その分、「f」や「n」など、発音に注意して練習しましょう。

例文

你好好儿想想吧，别鸡飞蛋打。

Nǐ hǎohāor xiǎng xiang ba, bié jī fēi dàn dǎ.

よく考えてくださいね。虻蜂取らずにならないように。

随机应变　臨機応変

suí jī yìng biàn

「機に従って」と前半が日本語と異なる成語です。「～に従う」を示す“随”は中級以上でよく出てくる動詞なので、早めに覚えておきましょう。また、“应”と「応」、文字の違いを整理しましょう。

例文

到那时，就随机应变吧。

Dào nà shí, jiù suí jī yìng biàn ba.

その時になったら、臨機応変にいきましょう。

背水一战　背水の陣

bèi shuǐ yí zhàn

『三国志』や『水滸伝』などに憧れる方も多いことでしょう。その中で最も手に汗握るのが、“背水一战”の場面ではないでしょうか。もちろん、現代でも使えますので覚えましょう。

例文

我下了背水一战的决心。

Wǒ xiàle bèi shuǐ yí zhàn de juéxīn.

私は背水の陣の決意を固めた。

人山人海　人の山
rénshān rénhǎi

人がとにかく多い様子を表します。奇数番目の漢字が“人”、偶数番目の漢字が“山”と“海”、いろいろな角度から数の多さを強調しています。

例文

星期天的银座真是人山人海。
Xīngqītiān de Yínzuò zhēn shi rénshān rénhǎi.
日曜日の銀座は本当に人の山だ。

言行一致　言行一致
yánxíng yízhì

日本語とまったく同じ表現です。こういった成語も多いので、日本語で四字からなることわざについては中国語でも同じかどうか探してみてもいいですね。

例文

我们要言行一致。
Wǒmen yào yánxíng yízhì.
私たちは言行一致でなければならない。

半途而废　途中で投げ出す
bàn tú ér fèi

“半途”はともに「半ば」、「途中」の意味です。“而”は順接を表す助詞で、“废”は「廃」の簡体字です。つまり、「やめる、捨てる」という意味を持ちます。

例文

你不要半途而废。
Nǐ bú yào bàn tú ér fèi.
途中で投げ出してはいけません。

水到渠成　当然のことだ

shuĭ dào qú chéng

“渠” は水路のことです。日本語でも「暗渠」などに使います。流れに任せていけば良い、当然のことだという文脈でしばしば使われます。

例文

他考上大学，正是水到渠成。

Tā kăo shàng dàxué, zhèng shì shuĭ dào qú chéng.

彼が大学に合格したのも当然のことだ。

海底捞月　無駄なこと

hăidĭ lāo yuè

水面に浮かぶ月を掬おうとする努力の無駄を表す成語です。中国人に人気の火鍋のお店、「海底捞」は、ここから名前を採っています。鍋からいろいろなものを掬うのを、この成語に例えたのですね。

例文

你们别做海底捞月的事。

Nĭmen bié zuò hăidĭ lāo yuè de shì.

あなたたち無駄なことはやめなさい。

琳琅满目　美しいものがたくさんある

línláng măn mù

“琳琅” は、「美しい玉や石」の意味です。見渡す限り美しいものが眼に入るというところから、商品が充実していることを表す成語になりました。

例文

商店里的商品琳琅满目。

Shāngdiàn li de shāngpĭn línláng măn mù.

お店の商品はとても充実している。

覚えておきたい中国語のことわざ

说到曹操曹操就到

Shuō dào Cáo Cāo Cáo Cāo jiù dào

曹操の話をすると曹操が来る

「噂をすれば影」の意味です。『三国志』の英雄、曹操をご存じでしょうか。さまざまな評価のある曹操ですが、とにかく耳ざとい人だったそうです。ですから、彼の話をした途端、本人が現れるという大変ユニークなことわざが生まれるに至ったというわけです。

また、ピンインに注目してみましょう。「ao」の複母音のオンパレードです。ゆっくり発音するところから始めて、早口言葉のように練習してみてください。「c」の音を速く綺麗に発音することが意外と難しいのではないかと思います。丁寧に何度も取り組んでみてくださいね。

失败为成功之母

Shībài wéi chénggōng zhī mǔ

失敗は成功の母

言わずと知れた名言です。中国語でも同じ言い方をするのが面白いですね。

この言葉から学びたいのはやはり書面語です。“为”は“是”の書き言葉で、「A=B」の「=」を表します。また、“之”は日本語でも「の」という読みが当てられていますが、中国語では硬い文で使われる傾向にあります。

失敗は成功の母、語学学習を習慣化するまでにはたくさんの失敗があると思いますが、自分に合った学習方法を身につけるべく、試行錯誤したいものです。

车到山前必有路

Chē dào shān qián bì yǒu lù

車が山に突き当たっても必ず道がある

「切羽詰まった状況でも希望を捨てなければどうにかなる」ということわざで、ドラマや映画でもよく使われます。必ず何か方法がある、道は開けると思わせてくれる言葉です。

中国語は話し言葉と書き言葉の開きが大きい言語ですが、ここにある“必”は書面語です。「必ず」というニュアンスを表すには、話し言葉では“一定”という言葉を使います。成語やことわざでは、こういった書面語を使うことで印象を深くしているのですね。

この後に、“船到桥头自然直Chuán dào qiáo tóu zìrán zhí.”（船が橋に差しかかれば自然と橋が上がる）と続ける場合もあります。あわせて覚えておきましょう。

逆水行舟，不进则退

Nì shuǐ xíng zhōu, bú jìn zé tuì

舟は水に逆らって進み、進まなければ押し戻される

「努力を止めたらそのまま押し戻される」ということわざです。語学の勉強も同じですね。やり続けなければ現状維持すら難しいという、ストイックな表現です。

“行”（行く）や“则”（すなわち）が書き言葉です。また、“进”は現代中国語では「入る」という意味でよく使われますが、書き言葉では「進む」という意味で使われることもあります。お気づきの方もいらっしゃるかもしれませんが、中国語の書き言葉と日本語とは意味が似通っていることが多いです。これは、昔中国から伝わった漢字の意味を日本側が大きく変化させることなく使ってきたことの表れかもしれません。

中国語音節表

母音 子音	a	o	e	-i	er	ai	ei	ao	ou	an	en	ang	eng	ong	i	ia	ie	iao
–	a	o	e		er	ai	ei	ao	ou	an	en	ang	eng		yi	ya	ye	yao
b	ba	bo				bai	bei	bao		ban	ben	bang	beng		bi		bie	biao
p	pa	po				pai	pei	pao	pou	pan	pen	pang	peng		pi		pie	piao
m	ma	mo	me			mai	mei	mao	mou	man	men	mang	meng		mi		mie	miao
f	fa	fo					fei		fou	fan	fen	fang	feng					
d	da		de			dai	dei	dao	dou	dan		dang	deng	dong	di	dia	die	diao
t	ta		te			tai		tao	tou	tan		tang	teng	tong	ti		tie	tiao
n	na		ne			nai	nei	nao	nou	nan	nen	nang	neng	nong	ni		nie	niao
l	la	lo	le			lai	lei	lao	lou	lan		lang	leng	long	li	lia	lie	liao
g	ga		ge			gai	gei	gao	gou	gan	gen	gang	geng	gong				
k	ka		ke			kai	kei	kao	kou	kan	ken	kang	keng	kong				
h	ha		he			hai	hei	hao	hou	han	hen	hang	heng	hong				
j															ji	jia	jie	jiao
q															qi	qiz	qie	qiao
x															xi	xia	xie	xiao
zh	zha		zhe	zhi		zhai	zhei	zhao	zhou	zhan	zhen	zhang	zheng	zhong				
ch	cha		che	chi		chai		chao	chou	chan	chen	chang	cheng	chong				
sh	sha		she	shi		shai	shei	shao	shou	shan	shen	shang	sheng					
r			re	ri				rao	rou	ran	ren	rang	reng	rong				
z	za		ze	zi		zai	zei	zao	zou	zan	zen	zang	zeng	zong				
c	ca		ce	ci		cai		cao	cou	can	cen	cang	ceng	cong				
s	sa		se	si		sai		sao	sou	san	sen	sang	seng	song				

iou	ian	in	iang	ing	iong	u	ua	uo	uai	uei	uan	uen	uang	ueng	ü	üe	üan	ün
you	yan	yin	yang	ying	yong	wu	wa	wo	wai	wei	wan	wen	wang	weng	yu	yue	yuan	yun
	bian	bin		bing		bu												
	pian	pin		ping		pu												
miu	mian	min		ming		mu												
diu	dian			ding		du		duo		dui	duan	dun						
	tian			ting		tu		tuo		tui	tuan	tun						
niu	nian	nin	niang	ning		nu		nuo			nuan	nun			nü	nüe		
liu	lian	lin	liang	ling		lu		luo			luan	lun			lü	lüe		
jiu	jian	jin	jiang	jing	jiong										ju	jue	juan	jun
qiu	qian	qin	qiang	qing	qiong										qu	que	quan	qun
xiu	xian	xin	xiang	xing	xiong										xu	xue	xuan	xun
						zhu	zhua	zhuo	zhuai	zhui	zhuan	zhun	zhuang					
						chu	chua	chuo	chuai	chui	chuan	chun	chuang					
						shu	shua	shuo	shuai	shui	shuan	shun	shuang					
						ru	rua	ruo		rui	ruan	run						
						zu		zuo		zui	zuan	zun						
						cu		cuo		cui	cuan	cun						
						su		suo		sui	suan	sun						

●著者

金子　真生（かねこ　なおき）

東京医科大学、立教大学、立命館孔子学院、神田外語学院、アイケーブリッジ外語学院、東京外国語センター等でこれまで15年間中国語教育や異文化理解研修に従事。入門から上級まで、発音を中心とした指導を行う。ゲーム、ニュースの中日翻訳者、全国通訳案内士（中国語）、All About中国語ガイドとしても活動中。
二松學舍大学大学院博士前期課程（中国学）修了。修士（文学）。

●中国語校正　アイケーブリッジ外語学院
●校正協力　二宮由佳
●本文デザイン　松崎知子
●イラスト　宮下やすこ
●ナレーター　于暁飛（中国語）
　　　　　　　水月優希（日本語）
●音声データ制作　一般財団法人英語教育協議会 (ELEC)
●編集協力　株式会社エディポック（古川陽子）
●編集担当　柳沢裕子（ナツメ出版企画株式会社）

基本文型が身につく!　中国語音読

2021年3月25日　初版発行

著　者　金子真生
発行者　田村正隆

発行所　株式会社ナツメ社
東京都千代田区神田神保町1-52 ナツメ社ビル1F（〒101-0051）
電話　03(3291) 1257(代表)　　FAX　03(3291) 5761
振替　00130-1-58661
制　作　ナツメ出版企画株式会社
東京都千代田区神田神保町1-52 ナツメ社ビル3F（〒101-0051）
電話　03(3295) 3921(代表)
印刷所　広研印刷株式会社

ISBN978-4-8163-6965-0　　Printed in Japan
＜定価はカバーに表示してあります＞
＜落丁･乱丁本はお取り替えいたします＞

本書に関するお問い合わせは、上記、ナツメ出版企画株式会社までお願いいたします。